BASTEI
LÜBBE

Esther Vilar

Alt heißt schön

Manifest gegen den Jugendkult

BASTEI LÜBBE

BASTEI-LÜBBE-TASCHENBUCH
Band 60 401

Lizenzausgabe im Gustav Lübbe Verlag GmbH, Bergisch Gladbach
Printed in Germany, Juni 1995
Einbandgestaltung: Adolf Bachmann, Reischach
Satz: hanseatenSatz-bremen, Bremen
Druck und Bindung: Elsnerdruck, Berlin
ISBN 3-404-60401-6

Der Preis dieses Bandes versteht sich einschließlich
der gesetzlichen Mehrwertsteuer.

Meiner Mutter gewidmet

Vorwort

Die Alten, die dieses Buch vielleicht lesen werden, bitte ich um Nachsicht, wenn ich mich hier voller Ungeduld in ihre Angelegenheiten einmische. Doch seit Erscheinen der ersten Auflage dieses Manifests sind sie nun auch meine eigenen geworden. Mit fünfzig ist man alt, habe ich hier geschrieben, und diese Grenze mußte (durfte) inzwischen auch ich selbst überschreiten.

Mit fünfzig ist man alt: Die konstantesten Alterserscheinungen sind die Veränderungen der Haarbeschaffenheit und der Sehkraft. Diese beiden Veränderungen sind im Alter von fünfzig Jahren bei den meisten Menschen eingetreten. Mit fünfzig hat man in der Regel zumindest leicht ergrautes Haar oder eine beginnende Glatze und braucht meist auch eine Lesebrille, d. h. man leidet an Altersweitsichtigkeit. Frauen und nach neuem Sprachgebrauch auch Männer sind mit fünfzig in der Menopause – auf Grund der hormonellen Veränderung verliert das eine Geschlecht seine Gebärfähigkeit während sich beim andern immer deutlicher das Abnehmen der sexuellen Potenz abzeichnet. Alle anderen Alterserscheinungen – wie etwa Nachlassen der Muskelkraft – sind entweder schwer meßbar, nicht regelmäßig genug oder durch eine bestimmte Lebensweise zu beeinflussen. Warum sich also nicht zu einer Beschreibung bekennen, die ohnehin auf einen zutrifft und sich als »alt« bezeichnen, bevor es die andern tun?

Es gab in der Vergangenheit viele Versuche der Alten-Emanzipation, in den letzten Jahren haben sich Initiativen, die die Verbesserung der Situation der Alten zum Ziel haben, überall in der westlichen Welt in erfreulicher Weise vervielfacht. Doch auch wenn sich diese neuen Organisationen nun aggressive Vereinsnamen zulegen und sich kämpferischer geben als je zuvor, scheinen mir ihre Forderungen letzten Endes doch von einer dem Problem nicht angemessenen Bescheidenheit. Auch fehlt es offensichtlich bisher noch an einem einheitlichen Konzept: Ein Programm für eine wirklich grundlegende Veränderung der Situation konnte ich beim Studium des vorhandenen Materials nirgends finden.

Außerdem handelt es sich doch nur scheinbar um eine Einmischung. Während ich dieses Buch schrieb, wurde mir von Tag zu Tag mehr bewußt, wie sehr die Probleme der Alten im Grunde auch die der Jungen sind. Vielleicht leiden die Jüngeren unter der trostlosen Art, wie man heute altern muß, sogar noch mehr. Die jetzigen Alten sind meist mit Verzichten aufgewachsen, sind sozusagen daran gewöhnt. Die kommenden Alten hingegen wurden vergleichsweise in eine Überflußgesellschaft hineingeboren – die Aussicht auf einen demnächst fälligen Verzicht ist ihnen unerträglich. Wann immer ich dieses Thema anschnitt, traf ich auf dermaßen schroffe Ablehnung, daß ich mir dies schließlich nicht anders erklären konnte, als mit einer übermächtigen, unausgesprochenen Angst. Sie möchten vom Alter nichts wissen – sie wollen jung bleiben um tatsächlich jeden Preis. Nur die unter Zwanzigjährigen haben zuweilen eine Patentlösung parat: Sie sagen einem klipp und klar, daß sie sich lieber umbringen werden, statt auf die heute übliche Weise zu altern.

Ich habe also diese Arbeit begonnen, weil ich glaubte, daß es für die Alten an der Zeit sei, ihre Wünsche exakt zu formulieren und sich mit einem klaren Konzept zur Wehr zu setzen. Und ich habe mir überlegt, wie ein solches Konzept – ein Manifest der alten Leute – aussehen könnte. Doch mittlerweile bin ich überzeugt, daß die Jüngeren ein solches Manifest noch dringender brauchen als die Alten. Sie müssen sich auf die Seite der Alten schlagen und das Alter in ein erstrebenswertes Ziel verwandeln. Das ist gar nicht so schwer, wie es im Augenblick scheinen mag. Außerdem sehe ich weit und breit kein anderes Mittel gegen die Angst.

Esther Vilar

I

Wenn wir nicht dabei sind, nennt Ihr uns *die Alten.* Sonst sucht Ihr umständlich nach schonenden Bezeichnungen: Die reiferen Mitglieder unserer Gesellschaft? Menschen im dritten Lebensalter? Betagte, Bejahrte, Oldies, Senioren? Ist das gut so? Ist's so recht? – Senior, das klingt doch wertvoll. Wer könnte da schon auf die Idee kommen, daß es sich nur um einen Alten handelt? Um Abfall, Ausschuß, Müll? *Mein Alter,* das sagt Ihr vielleicht zu einem Jungen. Nicht zu uns. Denn wir sind ja alt.

Wenn Ihr uns beleidigen wollt, nennt Ihr uns ebenfalls *die Alten.* Aber eigentlich wollt Ihr uns selten beleidigen: Wir sind Euch keine Beleidigung mehr wert. Und es könnte ja sein, daß wir morgen schon dort sind, woran Ihr keinesfalls jetzt schon denken wollt. Im Paradies oder im Grab. Wenn wir uns dann rächen? Wenn wir Euch aus irgendeinem ewigen Seniorenklub seelenruhig mit unseren kindischen Flüchen verfolgen? Wer weiß schon, was da drüben alles los ist, nicht wahr?

Nein, da seid Ihr lieber vorsichtig. Da seid Ihr lieber vornehm. Da seid Ihr lieber nachsichtig, geduldig. Vorsicht, Vornehmheit, Nachsicht, Geduld, das ist jetzt Euer Stil. Wenn wir dabei sind.

Wie geduldig Ihr mit uns redet. Man merkt kaum, daß Ihr das Gefühl habt, Euch mit Debilen abzugeben. Wie nachsichtig Ihr uns die heutige Welt erklärt. Daß Ihr Euch dabei selbstlos um die Umerziehung hoffnungsloser Reaktionäre kümmert, müßte man schon erraten. Wie vorsichtig Ihr auf unsere unschuldigen Mißgeschicke aufmerksam macht. Man möchte wirklich glauben, daß das jedem passieren könnte, nicht nur uns. Wie vornehm Ihr unsere kleinen Gebrechen überseht. Unsere etwas schwerfälligeren Bewegungen. Unsere etwas gemächlicheren Schritte. Unser etwas schlechteres Gehör. Aber nein, Ihr geht immer so langsam, ehrlich. Ihr sprecht immer so laut.

Und wie vornehm Ihr noch zu unsern Lebzeiten unsern Besitz konfisziert. Bekommt man nicht den Eindruck, von Euch beschenkt zu werden? Denn wenn Ihr uns Stück für Stück von unserer Würde und unserm Eigentum nehmt, dann wissen wir zwar, daß Ihr uns bestehlt. Aber wir können es nicht beweisen. *Nicht doch, nicht,* lächelt Ihr nachsichtig, *das ist doch alles Einbildung.* – Kein Altersschwachsinn, keine Senilität. Einbilden kann sich jeder mal was, auch ein Junger.

Wie vornehm Ihr zum Beispiel unsere Arbeitsplätze einkassiert. Manche von uns denken jetzt nicht mehr so schnell, nicht wahr? Andere sehen oder hören nicht mehr so gut. Und unsere Muskelkraft hat in den letzten Jahren auch nicht gerade zugenommen. Wer weiß, ob Euch da nicht ein kleiner Profit entgeht, wenn so ein seniler Typ am Hebel sitzt? Wäre da nicht ein Junger rentabler? Einer, der noch Ehrgeiz hat, Kraft? Einer von Euch?

Mein Lieber, Sie müssen sich jetzt ausruhen: Das haben Sie nun aber wirklich verdient! So ein arbeitsreiches Leben! Wird es da nicht Zeit, daß Sie endlich an sich selber denken? An Ihre Wünsche, nicht an die der Firma. An Ihre Interessen, nicht an die unsern. Soll doch ein Jüngerer für Sie weitermachen. Was Sie betrifft, Sie haben nun wirklich Ihre Pflicht getan!

Und wo wir Chef sind und selbst entscheiden, wann wir gehen, da habt Ihr's noch eine Nummer vornehmer. Da sagt Ihr nicht, daß wir uns nun endlich um uns selber kümmern sollen. Ein Chef weiß selber, worum er sich zu kümmern hat. Aber an unserm Sechzigsten verfaßt Ihr Nachrufe, die so betörend sind, daß wir uns nicht wiedererkennen. Ihr schwärmt von unserem unternehmerischen Mut in all den vergangenen schweren Jahren, unserer trotz des Alters ungebrochenen Dynamik, unserem gigantischen Lebenswerk und wie wir immer ein großes Vorbild für Euch sein werden. Wenn man alt wird, macht man Fehler, nicht wahr? Sollte man da nicht lieber abtreten, solange Ihr noch so eine schmeichelhafte Meinung von einem habt?

Wenn es die Unsterblichkeit nicht gibt, sollte man da nicht versuchen, wenigstens in einer Aktiengesellschaft unsterblich zu werden?

Und wie vornehm Ihr uns das Geld aus der Tasche

zieht. Die Almosen, die Ihr uns an jedem Ersten gönnerhaft über den Tresen schiebt. Eure hochherzige Rente, die wir in all den Jahren vorher eigenhändig hinterlegen mußten. Und die jetzt sofort wieder an Euch zurückfließen muß, weil Ihr sonst sauer werdet. *Konsumieren,* sagt Ihr, *man muß konsumieren. Nicht sparen, Ihr lieben dummen Alterchen! Die Kriege sind vorbei, habt Ihr das noch immer nicht verstanden? Sparen, das war früher. Zu Eurer Zeit. Jetzt ist es unsere!*

Gönnt Euch doch was! Genießt das Leben! Wie wär's mit einer ruhigen Kreuzfahrt, außerhalb der Saison? Eine gemütliche Herbstreise ans Mittelmeer? Garantiert keine Touristen um diese Zeit. Eine preiswerte Sommerkur in einem weltberühmten Wintersportgebiet? Da ist jetzt niemand! – Zu spät? Zu alt? Aber nein, nicht doch. Man ist so alt, wie man sich fühlt. Und man fühlt sich so alt, wie man aussieht. Und das Aussehen, das läßt sich doch heutzutage korrigieren. Ein Kinderspiel ist das. – Diese Creme, meine Dame: glättet alle Falten. Und diese Spülung verdeckt die grauen Haare garantiert. Dieses Kleid zum Beispiel würde Sie um zehn Jahre jünger machen. Wie wär's denn überhaupt mit einem neuen Image? Eine ganz neue Haarfarbe. Blond zum Beispiel. Warum nicht blond? Riskieren Sie doch was. Und dann vielleicht ein kleiner chirurgischer Eingriff? Ein diskreter Silikonbusen? Eine maßvolle Gesäßkorrektur? – Und Sie, mein Herr, mehr Mut. In Ihrem Alter hat man doch noch Chancen. Ein hellerer Anzug. Ein Massageabonnement gegen den Fettbauch. Eine leichte Dauerwelle in die abgeschlafften Haare, auf die kahle Stelle am Hinterkopf ein garantiert nicht erkennbares Toupet. Und vielleicht eine Gesichtsstraffung? Ein paar Hormonspritzen? Ein Gymnastikgerät in den Hobbyraum? Ein Sportwagen in die Garage? Sie werden sich wundern.

Und wenn diese Verjüngungs- und Vergnügungstour nicht mehr zieht, wenn wir uns für diesen Firlefanz ein für allemal kein Geld mehr entlocken lassen, wenn wir endgültig aufhören, in Dankbarkeit Euer Angebot zu konsumieren, dann schleicht Ihr Euch von der andern Seite an uns heran. Viele von uns haben sich im Lauf ihres Lebens komfortable Behausungen erworben, und die bekommt jetzt natürlich Ihr. O ja: Wie vornehm Ihr uns aus unseren großen, altmodischen Häusern vertreibt. Wie gekonnt Ihr uns unsere geräumigen Wohnungen vermiest. Das macht Euch keiner nach. Keiner von uns jedenfalls.

Aber nein, das ist doch viel zu groß für dich. Jetzt, wo wir Kinder fort sind. Soviel Arbeit, das schaffst du doch nicht mehr. Du bist nicht mehr die Jüngste, das ist dir doch klar? Und wenn du nun krank wirst? Wer macht denn dann die viele Hausarbeit? Und diese Möbel. Schön, sehr schön. Aber so unpraktisch. Weißt du was? Nimm dir eine kleine Neubauwohnung und überlaß den alten Plunder einfach uns. Wir Jungen schätzen so was heutzutage, ehrlich. Wir werden deinen Besitz glänzend in Ordnung halten.

Und wenn wir dann ausziehen, wenn wir endlich dort

sind, wo Ihr uns haben wolltet, in den gläsernen Zellen mit Panoramablick, die Ihr liebevoll am Stadtrand für uns errichtet habt, wenn wir dann entwurzelt und einsam zwischen den gläsernen Boutiquen im Erdgeschoß und dem gläsernen Dachrestaurant auf- und abfahren, dann seid Ihr wieder da. Verlogen. Scheinheilig. Hilfreich. Besorgt. *In einem Seniorenheim,* sagt Ihr, *da wärst du besser aufgehoben. Nicht so allein. Denk mal: All die anderen Senioren. Da hättest du immer Gesellschaft. Da ist nämlich immer was los. Vorträge. Bunte Abende. Ausflüge mit Gleichaltrigen. Gruppengymnastik. Gesundheitsschwimmen. Bridgepartien. Elektrische Kegelbahnen. Und immer ist ein Arzt im Haus. Da kann dir dann wirklich gar nichts mehr passieren.*

Und genau dort sind wir dann schließlich auch. Denn ehrlich: Wer könnte Euch schon widerstehen? Wir wollen Euch doch keine Sorgen machen. Und es ist auch genauso, wie Ihr versprochen hattet: Zimmer mit Bad. Aussicht ins Grüne. Überall Teppichboden. Überall Komfort. Überall Ruhe, Hygiene, Sicherheit, Ordnung, Freundlichkeit. Und medizinische Betreuung. Psychologische Beratung. Die Spielchen mit den Altersgenossen. Und nichts mehr zu tun. Endlich! Keine altmodischen Möbel abzustauben. Keine lärmenden Kinder zu vertreiben. Kein quietschendes Gartentor zu ölen. Nichts.

Ab und zu kommt ein junger Geistlicher, um uns schonend auf die Ewigkeit vorzubereiten. Erklärt uns fachmännisch, was da drüben zu erwarten ist. *Nichts*

Schlimmes, meint er, *der Herr ist gnädig, weiß man ja.*

Oder ein Kommunalpolitiker bittet auf einem von seiner Partei finanzierten Seniorenausflug um unsere Stimme bei der nächsten Wahl. Was er dafür bietet? *Oh,* sagt er, *höhere Renten zum Beispiel. Noch billigere Seniorenreisen, überall hin. Noch komfortablere Seniorenheime. Noch buntere Seniorenabende. Seniorenklubs. Seniorenkinos. Seniorenläden. Eine Universität vielleicht, nur für Senioren. Ein wirklich schönes drittes Lebensalter.*

Und Ihr? Nein, nicht daß Ihr uns vergessen hättet. Jeden zweiten Sonntag sitzt Ihr mit Euren sauber gekleideten Kindern höflich in unserm Zimmerchen und lauscht dem Ticken der alten Wanduhr, die Ihr uns vorläufig noch überlaßt. Wenn Ihr mit uns redet, redet Ihr laut. Deutlich. Wie man mit Idioten redet. Oder mit dem Jüngsten. Und immer bleibt Ihr bei dem, was Ihr für unser Niveau haltet: das schlechte Wetter, die hohen Preise, die steigende Kriminalität und wie früher alles besser war.

Bevor Ihr geht, beschenkt Ihr uns noch generös mit Euren windigen Komplimenten: *Wie gut du aussiehst. Richtig aufgeblüht bist du hier. Läufst wie ein Junger. Und dieses Gedächtnis. Du wirst sehen: In dieser wunderbaren Ruhe wirst du hundert Jahre alt.*

Wir lächeln darauf so dankbar, wie Ihr es von uns erwarten durftet. Und während wir Euch zum Auto zurückbegleiten, erzählen wir Euren Kindern noch rasch ein paar von Euren Jugendstreichen. Und endlich lächelt auch Ihr: ergriffen von Eurer Herrlichkeit, Eurem Witz, Eurer Originalität. Wir sind also noch einmal gerettet. Denn wir dürfen Euch nicht langweilen. Auf gar keinen Fall. Eure Besuche sind jetzt unser ganzes Leben. Wenn Ihr einmal nicht wiederkommt?

II

Ja, so ist das.
So ist das, habt Ihr gehört?

Ihr Aasgeier, Ihr Hyänen, Ihr Totengräber, Ihr Erbschleicher, Ihr Leichenfledderer, Ihr Schwindler, Ihr Heuchler, Ihr Gangster, Ihr Bagage, Ihr Kanaille, Ihr habgieriges Gesindel, Ihr profitsüchtiges Pack.

Glaubt Ihr, wir merken nicht, was Ihr da mit uns treibt? Haltet Ihr uns wirklich für so ahnungslos? Haltet Ihr uns wirklich für so stupide? Haltet Ihr uns wirklich für so schwachsinnig, unzurechnungsfähig, unterwürfig, wehrlos, furchtsam, dankbar und resigniert, wie Ihr uns haben wollt? – Haltet Ihr uns für das, was *Ihr* unter diesem Wort verstehen möchtet: Haltet Ihr uns für »alt«?

Ihr habt uns bestohlen. Ihr habt uns betrogen. Ausgeraubt habt Ihr uns. Ihr habt uns verraten. Ihr habt uns geplündert. Ihr habt uns verkauft. Ihr habt uns entehrt.

Ja: Bestohlen, betrogen, ausgeraubt, verraten, geplündert, verkauft, entehrt.

Ihr habt uns unseren Lebensinhalt gestohlen.

Unser Leben war die Arbeit, mit der wir Euch ernährten. Etwas anderes haben wir nie kennengelernt, wir hatten keine Zeit. Hätten wir Euch vielleicht verhungern lassen sollen? Ohne unsere Arbeit haben wir nichts zu tun. Es fällt uns auch nichts ein. Die Freiheit, in die Ihr uns mit sechzig hineinstoßt, kommt so plötzlich und ist so überwältigend, daß sie uns nur noch lähmt. Was sollen wir damit anfangen? Was macht man mit Zeit? Wir setzen uns vor den Fernsehapparat und warten ratlos aufs Sterben.

Ihr habt uns unseren Stolz geraubt.

Alles was wir gelernt haben, haben wir für den Beruf gelernt, mit dem wir Euch ernährten. Wir hätten keine Zeit gehabt, etwas anderes zu lernen und keine Zeit, das Gelernte anzuwenden. Wenn man uns unseren Beruf nimmt, können wir nichts. Ohne unseren Beruf sind wir niemand.

Ihr habt unsere Phantasie vernichtet.

Um seine Phantasie am Leben zu erhalten, braucht man Zeit. Zeit aber hatten wir nie. Und auf einmal haben wir nur noch Zeit. Unsere Phantasie ist plötzlich gefragt. Doch inzwischen ist sie abgestorben. Für die meisten Arbeiten wurde sie nicht verlangt. Und außer arbeiten taten wir nichts. In Euren Seniorenheimen versucht Ihr noch einmal alles mögliche: Ihr gebt uns Leinwand zum Bemalen, Ton zum Kneten, Holz zum Schnitzen, Ihr drückt uns Flöten und Gitarren in die Hand. Doch es kommt nichts mehr. Es ist aus.

Ihr habt unseren Geist verstümmelt.

Um etwas Neues zu denken, braucht man Anregung. Anregung aber hatten wir nie. Wir hatten unsere Arbeit, und die war selten anregend. Nicht Originalität war gefragt, sondern Anpassung. Nicht Kreativität, sondern Wiederholung. Jetzt brauchen wir uns nicht mehr anzupassen. Jetzt müssen wir nichts mehr wiederholen. Aber unser Geist ist inzwischen verödet, unsere Originalität ist tot. Es fällt uns nichts Geistreiches mehr ein. Und selbst wenn? Wer von Euch würde uns denn zuhören? Den Alten?

Ihr habt unsere Intelligenz zerstört.

Kinder, die man in Heime steckt oder die durch eine lange Krankheit vom gewohnten Lebenskampf isoliert werden, fallen fast immer in ihrer geistigen Entwicklung zurück. Auch wenn sie vorher noch so intelligent waren, müssen sie unter den neuen Umständen nach und nach verdummen. Genauso ist es mit uns. Nach einigen Jahren Eures wundervollen Ruhestands könnten die meisten von uns tatsächlich nicht mehr auf ihre früheren Arbeitsplätze zurück. Wir werden von niemand mehr herausgefordert, und unser Kontakt zur

Umwelt findet jetzt hauptsächlich übers Fernsehen statt. Und so werden wir dann wirklich so senil, wie Ihr uns haben wolltet. Rechtfertigen noch im nachhinein höchstpersönlich unsere Entmündigung. Denn Ihr verfolgt diesen Verfall und sagt Euch selbstzufrieden, daß Ihr uns gerade noch rechtzeitig aus dem Arbeitsleben entfernt habt. Länger wär's nun wirklich nicht zu verantworten gewesen. Aber wir haben uns so entwickelt, *weil* wir von Euch verdrängt wurden. Es sind Heimschäden und die Folgen der Isolationshaft, die Ihr da an uns beobachtet. In unserem Beruf, in unserem gewohnten Milieu wären die meisten von uns Alten noch lange die alten geblieben.

Ihr habt unsere Kultur verschüttet.

Zur Kultiviertheit braucht man Zeit. Zeit aber hatten wir nie. Wir haben heute bestenfalls die Kultur, die wir mit zwanzig hatten. Wer von uns damals Strawinsky verehrte, ist noch immer bei Strawinsky. Wer für Louis Armstrong schwärmte, schwärmt noch immer für Louis Armstrong. Die neue ernste Musik, die Revolution in der Unterhaltungsmusik, das alles haben wir überhört. Rock, Pop, Synthesizer, das alles gibt es für uns nicht. Wir leben in der musikalischsten aller Zeiten und kennen bestenfalls die Beatles. Es wird waghalsiger gemalt als je zuvor, doch außer dem toten Picasso und dem toten Dalí kennen wir keinen Modernen. Sogar die Kultivierten unter uns haben eine fade, abgestandene Kultur. Die schwermütigen Kunstwerke, die in ihrer Jugend in Mode waren, sind es bei ihnen noch immer. Die Literatur, die damals als gut galt, ist ein für allemal ihr Maßstab geblieben. Um unsere Provinzialität zu kaschieren, schimpfen wir auf alles Heutige. Nennen es effekthascherisch, vulgär, dumm. Dabei haben wir einfach den Anschluß verpaßt, als wir »Karriere« machten. Haben vor dem immer wieder Neuen feige kapituliert: Wir lauschen ergriffen den gefälligen Evergreens von Mozart und halten uns bei Frank Zappa und P. J. Harvey die Ohren zu. Wir sind eine Generation von Museumswächtern.

Ihr habt unsere Weisheit verhindert.

Weise wird man durch Lebenserfahrung. Wir haben aber unser Leben nicht erfahren: Wir haben es nicht erlebt. Wir standen an Montagebändern, hockten an Schreibtischen, chauffierten Autos, Lieferwagen, Omnibusse, bedienten Maschinen, addierten Zahlen, führten Verkaufsgespräche. Wir können Euch sagen, wie man für ein neues Waschmittel wirbt, wie man eine Vertretertagung organisiert, wie man einen Börsenbericht liest, was man mit einer Aktie macht. Aber weise sind wir nicht. Denn wie hätten wir weise werden sollen? Wann hätten wir leben dürfen?

Ihr habt uns unsere Unabhängigkeit genommen.

Selbst in Ländern, in denen die Altersrenten nicht erbärmlich niedrig sind, sind sie eine Zumutung. Denn ihre Höhe wird von Euch festgesetzt, den Jungen.

Nicht von uns. Wir können sie weder durch Fleiß vergrößern noch durch Faulheit aufs Spiel setzen. Wer von uns sich für gesund und erwerbsfähig hält — und nur unser Kriterium ist hier ausschlaggebend —, wird durch Eure Renten gedemütigt, seien sie nun großzügig oder nicht. Außerdem vergeßt Ihr immer wieder, daß wir für diese Renten hart gearbeitet haben. Daß es also unser Geld ist, nicht Eures. Daß Ihr uns nichts schenkt.

Ihr habt uns um unser Selbstbewußtsein betrogen.

Wer zeit seines Lebens Arbeiten für eine Tugend hielt und plötzlich nichts mehr macht, wer Geldverdienen als Leistung betrachtete und plötzlich nichts mehr verdient, wem die Abhängigkeit anderer selbstverständlich war und von dem plötzlich keiner mehr abhängt, wen das Lob seiner Vorgesetzten mit Stolz erfüllte und den plötzlich niemand mehr lobt — woher soll der im Alter sein Selbstbewußtsein nehmen?

Ihr habt uns zu Dienstboten degradiert.

Ein langes Arbeitsleben hat uns so programmiert, daß wir Tätigkeiten, für die wir nicht bezahlt werden, für minderwertig halten. Deshalb bieten viele von uns an Eurer Hintertür sofort wieder ihre Dienste an, sobald Ihr sie aus ihren gut dotierten Stellungen in die ewige Ruhe entlassen habt. Für ein Taschengeld erledigen sie alles: sortieren Eure Post, ordnen Eure Steuerbelege, bedienen Euer Telefon, mähen Euren Rasen, reparieren Euren Gartenzaun, flicken Eure Kleider, hüten Eure Kinder. So steht Euch immer ein Heer von billigen, willigen Dienstboten zur Verfügung. Hochqualifizierte Idioten, die glücklich sind, wenn sie noch irgendwie nützlich sein dürfen. Rentner.

Ihr habt uns zu Denunzianten gemacht.

Da uns freiwillig keiner mehr beachtet, nützen wir jede Gelegenheit, um wenigstens durch Bosheit aufzufallen. Wenn das Fernsehen nichts zu bieten hat, sitzen wir in unserm Zimmerchen und lauern: Ob draußen die Kinder zu laut spielen, ob irgendwo ein Hund zu oft bellt, ob im Nachbarhaus womöglich ein junges Pärchen Unzucht treibt, ob die Junggesellin in der Wohnung drüber zu lang feiert. Wann immer möglich, bitten wir die Polizei, Euch oder Eure Kinder oder Gäste oder Tiere zur Raison zu bringen: So konnten wir Euch wenigstens an diesem Tag beweisen, daß wir noch am Leben sind.

Ihr habt uns ans Kapital verraten.

Unternehmer wollen die Arbeitskräfte, die ihnen den größten Profit garantieren. Auch wenn Vorstände und Aufsichtsräte hauptsächlich aus alten Herren bestehen, so wissen die doch sehr genau, wie jene sein sollen, denen sie vorstehen. Die sollen nämlich ganz anders sein als sie selbst: Die sollen kräftig sein, dynamisch, jung. Der ideale Untergebene ist zwanzig bis vierzig Jahre alt, er freut sich über Überstunden und arbeitet gern im Akkord, damit er seine Raten zahlen kann, er ist Familienvater, damit er sich vor einer Entlassung fürchtet, und er ist bei guter Gesundheit, damit er das alles aushält. Deshalb liegt es auch im Interesse der Unternehmer, daß statt einer Verkürzung der Tagesarbeitszeit die Herabsetzung der Lebensarbeitszeit diskutiert wird. So haben sie für den gleichen Lohn stets junge, kräftige Arbeitnehmer in der Firma und werden die älteren immer früher an die Rentenkassen los.

Und Ihr helft dabei mit: *Weg mit den älteren Arbeitskräften,* schreit Ihr, *jetzt müssen endlich die Jungen ihre Chance kriegen. Soll man sie vielleicht auf der Straße sitzen lassen, damit sie drogensüchtig werden oder kriminell? Los, Ihr Alten, was steht Ihr hier noch herum? Jetzt geht's ans Ausruhen.*

Und die Gewerkschaftler, diese Nachtwächter, die wir dafür zahlen, daß sie unsere Interessen vertreten, schreien mit und arbeiten so ihren Erzfeinden zielstrebig in die Tasche. Keine Vorverlegung der Pensionierungsgrenzen, die von ihren einfältigen Funktionären nicht als Sieg über das Unternehmertum gefeiert würde: *Sind wir nicht wunderbar, Ihr lieben unterdrückten Arbeiter? Seht doch, was wir da schon wieder für Euch erkämpft haben. Früher wurdet Ihr mit fünfundsechzig pensioniert – jetzt geht es schon mit dreiundsechzig, mit sechzig. Und eines Tages dürft Ihr bestimmt noch früher in den verdienten Ruhestand, denn auf uns könnt Ihr Euch verlassen. Und wer ganz schnell und ohne Aufsehen seinen Posten räumt, der bekommt auch noch eine Prämie von der Firmenleitung. Ja, sogar das haben wir noch für Euch herausgeschlagen, Ihr armen Teufel, denn Geld könnt Ihr doch immer brauchen. Sagt, sind wir nicht fabelhaft? Und gleichzeitig bringen wir so auch noch das Problem der Jugendarbeitslosigkeit vom Tisch. Das soll uns doch mal einer nachmachen. Diesen Kapitalisten haben wir's wieder mal gezeigt. Die haben wir vielleicht reingelegt.*

Ihr habt unsere Generation entzweit.

Es gibt heute zwei Sorten von Alten: die Masse der Normalverdiener, die Ihr ab sechzig vergessen könnt, weil sie Euch nichts mehr zu sagen haben, und die kleine Gruppe der Wohlhabenden, die demnächst zu beerben wären und die Ihr von da an noch zuvorkommender behandelt als früher. Die Masse der sechzigjährigen Wähler, die Ihr entlassen durftet, und die Elite der sechzigjährigen Politiker, die Ihr so lange wie möglich im Amt behaltet, weil sie Euch deren Stimmen bringen. Die Masse der Angestellten, die Ihr ab sechzig für untauglich erklären könnt, und die kleine Gruppe der Freiberufler, an die Ihr nicht herankommt. In den meisten Ländern arbeiten zwei Drittel der Selbständigen mit siebzig unverdrossen weiter. Warum müssen denn die sich nicht ausruhen, wenn man fragen darf? Warum sind Euch die nicht zu alt? Warum werden Euch die nicht zu senil, debil, unzurechnungsfähig, schwerfällig und verkalkt, um gute Arbeit zu leisten? Warum wollen die sich nicht mit sechzig auf sich selbst besinnen? Ihr Leben genießen, so wie Euch das vorschwebt? Warum macht Ihr denn die nicht zu hirnlosen Almosenempfängern, die in Dankbarkeit zu Euch aufblicken? – Da seid Ihr wohl machtlos, wie?

Ihr habt unsere Solidarität unterwandert.

Ihr habt es erreicht: Sogar wir selbst halten die Gesellschaft unserer Altersgenossen für minderwertig. Wir genieren uns, wenn wir nur mit unsresgleichen zusammenkommen, versuchen es zu verbergen. Und wenn wir Euch von einem Verein, einem Klub oder einem Freundeskreis erzählen, in dem wir verkehren, so vergessen wir nie zu erwähnen, daß es dort auch jüngere Leute gibt. Das ist kein Verein von Senilen und Verkalkten, soll das heißen. Da gibt es auch Vollwertige, da gibt es auch Junge. Falls je ein junger Mensch unsere Gesellschaft sucht, gilt uns das als Auszeichnung. Gleichaltrige besuchen uns ja höchstens aus Langeweile. Aber die Jungen, die hätten doch wirklich etwas besseres zu tun. Wir erzählen es Euch weiter, wir geben damit an. So schlimm kann es nicht mit mir stehen, soll das heißen. *Ich* bin nicht wie die andern Alten. *Ich* bin eine Ausnahme. *Ich* bin interessant.

Ihr habt uns um unsere Ehre gebracht.

Wir werden nicht von Euch geachtet. Wir werden nicht von Euch respektiert. Keiner ehrt uns. Niemand sucht unseren Rat. Denn wer braucht schon den Rat von einem, der sich dermaßen leicht entmachten läßt? Den man wie ein Kind in ein Heim abschieben kann, wo er dankbar Eure Pflichtbesuche registriert? Den man ohne Erlaubnis duzen darf? Der sich widerspruchslos von fremden Menschen Oma oder Opa nennen läßt? Der für ein Trinkgeld in Euren Gärten Unkraut jätet? Was sollte der schon besser wissen? Was sollte einem der schon raten können? Wofür sollte man einen solchen Versager ehren? Nicht wahr?

Ihr habt uns um unser Familienleben betrogen.

Viele von uns haben Euretwegen ein Leben lang an Ehen festgehalten, die ihnen nichts mehr bedeuteten. Denn auch wir hatten unsere kleinen Versuchungen und unsere großen Leidenschaften, das dürft Ihr schon glauben. Auch wir wären imstand gewesen, uns öfter als einmal zu verlieben, selbst wenn Euch das noch so abwegig erscheint. Doch wir dachten, wir müßten Euch ein festgefügtes Familienleben bieten, ein zuverlässiges Heim, in dem Ihr auch als Erwachsene noch einen Halt findet. Und wir glaubten, daß Ihr, unserem Vorbild folgend, später ebensolche Familien haben würdet, in denen dann wiederum wir im Alter unseren Halt und unser Heim finden würden – derjenige von uns, der allein übrig bliebe.

Doch inzwischen habt Ihr das alles verändert. Die Leidenschaften, auf die wir verzichtet haben, lebt Ihr nun voll aus: Ihr seid mal hier, mal dort angesiedelt, liebt mal den und mal jenen, Ihr heiratet, laßt Euch – sofern Ihr wohlhabend genug seid – scheiden, zieht in Kommunen, zieht wieder aus, und die wenigen Kinder, die Ihr noch zu zeugen beliebt, laßt Ihr statt von den Großeltern von Fremden hüten. Wir träumten davon, mit Euch alt zu werden. Mit Euch und unsern Enkeln. Doch das ist wohl nicht mehr drin.

Ihr habt unsere Integrität vernichtet.

Da wir Euch so selten sehen, da für viele von uns Eure Besuche alles sind, was ihnen bleibt, sind wir Euch gegenüber auch zu jedem intellektuellen Kompromiß bereit. Was immer Ihr auch daherreden mögt, wir zeigen uns selten verärgert, niemals beleidigt, verbergen stets unsere Belustigung, widersprechen Euch nie. Und was immer Ihr auch tut, *wir* finden es in Ordnung, *unsere* Zustimmung ist Euch sicher, *unser* Applaus ist Euch gewiß. Ihr habt Euren Partner verlassen? Recht so, wir konnten ihn sowieso nie ausstehen! Den langweiligen Beruf habt Ihr an den Nagel gehängt? Warum auch nicht, es gibt noch andere Jobs! Ihr werdet aufs Land ziehen und Schafe züchten? Ja doch, zurück zur Natur! Eure kleine Tochter schluckt die Pille? Richtig, da kann ihr wenigstens nichts passieren! Eure Kinder dürfen bei der Liebe zusehen? Ausgezeichnet, dann werden sie wenigstens nicht so verklemmt, wie wir es früher waren. – Und wenn Ihr uns in Weinlaune erklärt, wie *Ihr* die Welt verbessern würdet, lauschen wir ergriffen. Das Geld abschaffen, damit es keine Armen mehr gibt. Das Militär abschaffen, damit es keine Kriege mehr gibt. Die Unternehmer abschaffen, damit es keine Klassen mehr gibt. Die Schule abschaffen, weil sie die Kreativität erstickt. Die Familie abschaffen, weil sie die Kinder ruiniert. – Denn so schwachsinnig, kindisch, naiv und pervers kann eine Idee, die von Euch kommt, nämlich gar nicht sein, als daß wir sie nicht großartig finden würden. Gut so! Recht so! Weiter so! Es ist ja nur unsere Integrität, die dabei vor die Hunde geht. Hauptsache, *Euer* Selbstbewußtsein bleibt erhalten. Hauptsache, *Ihr* findet Euch gescheit. Denn nur dann kommt Ihr wieder. Um uns, den Dummen, ein paar Gratislektionen zu erteilen.

Ihr habt unsere Gesundheit zerstört.

Das Tagespensum eines Arbeitnehmers ist von Euch so kalkuliert, daß seine Arbeitskraft optimal verwertet wird. Er lebt, um zu arbeiten, denn die Ruhepausen sind gerade so lang, daß sie zur Regeneration ausreichen. Da Ihr Euch bei dieser Kalkulation am idealen Arbeitnehmer orientiert, das heißt am jüngeren Mann, der sich auf dem Gipfel seiner Leistungsfähigkeit befindet, liegt es auf der Hand, daß ein älterer diesen Rhythmus nicht beibehalten kann, ohne dafür mit dem Verschleiß seiner Gesundheit oder frühem Tod zu zahlen. Zu dieser körperlichen Belastung kommt noch die seelische: die Gefahr einer Entlassung oder Degradierung, die bei jemand, der die Fünfundvierzig überschritten hat, wie ein Damoklesschwert über ihm schwebt, der Wunsch, auf jeden Fall noch ein paar Jahre mitzuhalten, sich von den Jungen noch nicht verdrängen zu lassen, setzt ihm wahrscheinlich mehr zu als die Anstrengung, die mit der Arbeit selbst verbunden ist. Neueste Statistiken zeigen, daß sich die Lebenserwartung der Männer trotz des medizinischen Fortschritts verringert statt erhöht. Der immer größere Berufsstreß führt zu einer Zunahme der Herz- und Kreislauferkrankungen, die an erster Stelle der Todesursachen stehen. Die Pensionierung tut dann auf gegensätzliche Weise ein übriges. Pensionierung bedeutet, daß Ihr einen für verbraucht haltet. Es gibt Indianerstämme, die ihren Alten genau sagen, wann sie zu sterben haben. Der Fluch wirkt immer: Von dem Tag, an dem er ausgesprochen wird, beginnen sie dahinzusiechen und sterben dann auch bald. Bei Euch wird dieser Fluch durch das Fallbeil der Pensionierung ersetzt. Ihr befehlt uns nicht das Sterben, sondern die ewige Ruhe. Doch die Wirkung auf uns Alte ist die gleiche.

Ihr habt uns unsere Partner geraubt.

Uns alten Frauen habt Ihr die Männer weggenommen, die Geliebten gestohlen, die Gefährten geraubt. Ihr preßt sie aus, laugt sie aus, werft sie weg. Solange sie jung sind, sehen wir sie nicht, weil sie arbeiten. Und wenn sie dann alt sind, wenn sie endlich Zeit für uns hätten, sind sie gebrochen, gedemütigt, verbraucht. Sie schämen sich vor uns, weil man ihnen ihr Selbstbewußtsein und ihren Stolz genommen hat. Sie können sich selbst nicht mehr lieben und lieben deshalb auch uns nicht mehr. Sie beneiden uns um die Aufgaben, die wir auch im Alter noch immer haben. Denn unser Reich bleibt uns erhalten: Solange sie am Leben sind, werden wir nach wie vor noch ein wenig gebraucht. Sie aber braucht keiner mehr. Das Geld, das sie jetzt nach Hause bringen, bekämen wir auch, wenn sie tot wären. Also sterben sie, und wir bleiben zurück. Mit den anderen Einsamen, den anderen Frauen. Bei den über Sechzigjährigen gibt es in westlichen Industrieländern fast doppelt so viele Frauen wie Männer. Von den Ein-Personen-Haushalten der über Fünfundsechzigjährigen sind mehr als achtzig Prozent weiblich. Ihr sagt, das sei biologisch bedingt, daß unsere Männer soviel früher sterben. Aber wenn es biologisch ist, wo bleibt dann Eure Konsequenz? Denn dann müßtet Ihr doch uns, den Frauen, den Berufskampf für die Familie aufbürden, damit sich das biologisch so benachteiligte Geschlecht schonen kann und gemeinsam mit uns alt wird? Dann müßtet Ihr doch dafür sorgen, daß wir im Alter nicht so entsetzlich einsam sind?

Aber Ihr wißt ja, daß Ihr uns da etwas vormacht. In den USA, wo unsere Lebenserwartung noch 1955 nur durchschnittlich zweieinhalb Jahre über der der Männer lag, überleben wir sie jetzt schon um neun Jahre. Eine amerikanische Witwe verbringt heute nach der Statistik dreizehn Jahre ihres Lebens in Einsamkeit. Und sie hat kaum Chancen, einen neuen Partner zu finden, denn die anderen Männer sterben ja ebenfalls weg. Ihr Bett bleibt meist für alle Zeit leer. Biologie nennt Ihr das? Diese Entwicklung ist eindeutig die Folge des immer höheren Leistungsdrucks, dem unsere Partner ausgesetzt werden. Denn so schnell gibt es bei der menschlichen Rasse keine so gigantische Mutation. Biologie? Ja, wahrhaftig. Für wie naiv haltet Ihr uns eigentlich?

Ihr habt uns um unsere Würde gebracht.

Da Jugend bedeutet, daß man zu Euch gehört, daß man jemand ist, und Alter, daß man zu niemandem gehört und niemand mehr ist, versuchen wir möglichst lange, Euch ähnlich zu sein. Das beginnt schon früh: Mit vierzig versuchen wir wie dreißig auszusehen, mit fünfzig wie vierzig, mit sechzig wie fünfzig, mit siebzig wie sechzig. So bleiben wir stets hinter unserer eigenen Zeitrechnung zurück, leben stets ein künstliches, unsynchrones Leben. Wann immer möglich, lassen wir Euch unser Geburtsjahr raten und sind glücklich, wenn Ihr so galant seid, Euch zu irren. Falls wir nicht vorziehen, es von vornherein zu fälschen. Nur keine Jahre zugeben, sonst sind wir verloren. Nur keine Schwäche zeigen, sonst werden wir aussortiert.

Und so kommt es, daß wir uns immer wieder vor Euch zu Narren machen. »Man ist so jung, wie man sich fühlt«, rufen wir ausgelassen. »Man hat das Alter, das man sich gibt.« Und dann verkleistern wir unsere Falten, färben unsere Haare, verstecken unsere Glatzen, ziehen unsere Bäuche ein und zwängen uns in Eure Kleider. Und dann stürzen wir in Eure Diskotheken, tanzen Eure Tänze, reißen Eure Sprüche, schwingen uns auf Eure Motorräder, zwängen uns in Eure Sportwagen, flirten mit Euren Liebsten. Und die ganze Zeit machen wir uns vor, daß dieser Betrug niemand auffällt. Daß keiner den falschen Dreißiger, Vierziger, Fünfziger in Euren Reihen überhaupt bemerkt.

Ja: Wir haben Angst. Und aus dieser Angst heraus verspielen wir das einzige, was wirklich uns gehört. Die Würde der Reife. Die Würde des Alters. Die viele bis zu ihrem Tod nicht zurückerobern.

Ihr habt unsere Schönheit vernichtet.

Seit wir unser Alter wie eine Krankheit hinter Schminke und grellen Farben verstecken, ist auch unsere Schönheit vergangen. Die Schönheit grauer Haare, welkender Haut, wissender Augen, langsamer Bewegungen, leiser Töne, zurückhaltender Gesten, gedämpfter Farben. Der Herbst ist schön. Niemand möchte, daß zu dieser Jahreszeit Blumen auf den Wiesen blühen, Knospen auf den Bäumen sprießen und daß das Laub seine grüne Farbe behält, denn das würde ja alles ruinieren. Der Herbst eines Menschen könnte ebenso schön sein. Wenn wir nicht versuchten, unter Eurer Anleitung einen Sommer oder gar einen Frühling daraus zu basteln.

Ihr habt unsere Sexualität ruiniert.

Unsere erotischen Gefühle findet Ihr belustigend. Falls Ihr nicht vorzieht, sie gleich als pervers zu bezeichnen: *Was, mit der alten Schachtel willst du's treiben? Ekelt dich das denn nicht? – Mit dem alten Kerl bist du im Bett gewesen? Bringt der's denn überhaupt noch?*

Warum tut Ihr das, sagt? Was habt Ihr davon? Fürchtet Ihr, daß wir Euch Eure Freundinnen wegschnappen? Habt Ihr Angst, daß Eure Freunde uns interessanter finden könnten? Oder glaubt Ihr, daß Ihr uns auch hier – hier vor allem – erledigen müßt, damit wir ja nicht auf die Idee kommen, daß wir eigentlich auch auf anderen Gebieten noch mitreden könnten? Denn unter diesem moralischen Druck, nach dieser massiven Einschüchterungskampagne gäbe es selbst bei Zwanzigjährigen keine normale Sexualität. Unsere Partner glauben, daß sie es eigentlich nicht mehr können sollten, und können es daher auch nicht mehr. Unsere Partnerinnen denken, daß wir sie unmöglich noch attraktiv finden können, und werden gerade dadurch unattraktiv. Das einzige, was wir uns noch zutrauen, ist die platonische Zweckehe, die jungfräuliche Wohngemeinschaft, die für Euch so kostensparende Altersselbsthilfe zwischen Personen verschiedenen Geschlechts. Ein Siebzigjähriger und eine Siebzigjährige – wenn man sich vorstellt, daß die es miteinander treiben! Brrr! – Ja, auch das haben wir Euch zu verdanken.

Ihr habt unseren Mut gebrochen.

Falls einer von uns Alten in ein anderes Land ziehen, eine Firma gründen oder sonst etwas machen will, was ihm noch einmal Lebensfreude geben könnte, versucht Ihr's mit der Angst: *Was ist, wenn du krank wirst? Wenn du es plötzlich nicht mehr schaffst? Solltest du das nicht bleiben lassen?*

Falls einer von uns Alten an Scheidung denkt, weil er nun endgültig die Nase voll hat und wenigstens die letzten Jahre sein eigener Herr oder seine eigene Frau sein möchte, versucht Ihr's mit der Einschüchterung: *Allein leben, in deinem Alter? Hast du den Verstand verloren? Wenn du nun einen Schlaganfall erleidest, an den Rollstuhl gefesselt bleibst? Wenn du nun stirbst und wochenlang nicht entdeckt wirst?*

Doch wirklich in Rage kommt Ihr erst, falls einer von uns Alten sich verliebt und – *in seinem Alter!, in ihrem Alter!* – mit einem neuen Partner noch einmal ganz von vorn anfangen möchte: *Du weißt nicht, was du tust. Sie wird dich betrügen. Er wird dich verlassen. Man kann dich gar nicht um deinetwillen lieben. Sieh doch in den Spiegel. Du bist eine Greisin. Du bist ein Greis.*

Und so klaut Ihr uns den letzten Rest Risikofreude, den letzten Mut, das letzte – für manche von uns sogar erste – Glück, das wir erleben könnten. Ein Glück, das vielleicht nur noch zwei Tage gedauert hätte. Vielleicht aber auch zwanzig Jahre.

Ihr habt unsere Städte und Landschaften verwüstet.

Die ehemals so heimeligen Seelen unserer Welt, die Städte, habt Ihr einbetoniert und verpestet. Die ehemals so liebliche Haut unserer Erde, die Landschaften, habt Ihr zerstückelt und geplündert. Anstatt Heime für Menschen habt Ihr Bunker für Humanoide errichtet. Anstatt Straßen für uns alle habt Ihr Asphaltbahnen für Euch und Eure immer schnelleren Maschinen angelegt. Und an unseren ehemals so stillen Wegen laßt Ihr nun statt Blumen Ampeln und statt Bäumen Reklametafeln wachsen. Aus dieser Welt, die früher auch einmal uns gehörte, habt Ihr einen Ort für Euch und nur für Euch gemacht. Für Leute mit kurzen Reaktionszeiten und raschen Bewegungen, die die Risiken Eures immer schnelleren Verkehrs noch nicht zu fürchten brauchen. Für Leute mit kräftigen Stimmen und gutem Gehör, die sich trotz des immer lauteren Getöses, das von Euren Straßen und aus Eurem Himmel kommt, noch verständigen können. Für Leute, deren Lungen noch potent genug sind, um aus Eurer verpesteten Luft genug Sauerstoff zu filtern, und deren Augen von Euren Abgasen noch nicht chronisch entzündet sind.

Zugegeben, wir selbst haben seinerzeit diese teuflische Entwicklung in die Wege geleitet. Das Auto wurde von uns erfunden, das Motorrad, der Beton, der Asphalt, die Ampel, der Parkplatz. Aber haben wir gesagt, daß das ewig so weitergehen soll? Immer schneller, immer lauter, immer größer? Haben wir gesagt, daß man alles machen muß, was man machen kann?

Ihr sagt, das alles sei von einer Schönheit, die wir nicht mehr begreifen. Sichtbeton, Glasfassaden, Leuchtreklamen, Autos, Autohupen und der Lärm der Flugzeuge, das alles sei eben eine ganz neue Art von Poesie. Gemachte Poesie, im Gegensatz zu unserer, die einfach so gewachsen ist. Eure Poesie, im Gegensatz zu unserer, die uns seinerzeit zufällig in den Schoß fiel.

Ihr habt unsere Sicherheit verpfändet.

Ihr erfindet Waffen und hortet Bomben, die uns und alles, was es auf diesem Planeten sonst noch gibt, vernichten werden. Und zwar in weniger als den sechs Tagen, die man seinerzeit angeblich brauchte, um den Aufbau zu managen. Ihr beruft Euch dabei auf Erfolge: *Ohne diese Waffen*, sagt Ihr, *ohne diese Bomben gäbe es mehr als nur die großen kalten und die kleinen heißen Kriege. Diese lange Friedenszeit,* sagt Ihr – fünfzig Jahre nennt Ihr eine lange Zeit – *verdanken wir der Bombe, wem denn sonst?* Mit Euren Atomkraftwerken erschließt Ihr Energien, die, das wißt Ihr, notwendig zur Katastrophe führen. Und sei es nur zur kleinen Katastrophe der totalen Überwachung, damit die große des totalen Mißbrauchs gerade noch verhindert wird.

Zugegeben, wir selbst und die, die vor uns waren, haben das alles angefangen. Gewehre, Granaten, Bomben, Panzer, die Entdeckung der Atomenergie, das alles kommt von uns. Aber konnten wir diesen gigantischen Mißbrauch vorausahnen? Konnten wir wissen, daß keiner da sein würde, der diesem Wahnsinn seine Grenzen setzt?

Denn soweit ihr nicht zu den wirklich Jungen zählt, verschließt Ihr die Augen. Und uns versucht Ihr einzuschüchtern: *Wenn wir das nicht machen,* sagt Ihr, *zerbricht unsere Wirtschaft. Wovon sollen wir dann Eure Luxusrenten finanzieren?* Ihr appelliert an unsere Menschlichkeit: *Ohne diese Energien*, sagt Ihr, *werden künftige Generationen verhungern. Aber Euch Alten ist das ja egal.*

Und wir sehen zu. Sehen zu, wie Ihr Euch gegen die Materie, gegen das Leben, gegen uns und auch gegen Euch selbst vergeht. Lassen Euch ungestört die Gräber Eurer Kinder und Kindeskinder vorbereiten. Sehen zu und sagen nichts.

Ihr vermiest uns das Sterben.

Über das, was uns am meisten interessiert, unsern Abschied, unser Sterben, können wir mit Euch nicht reden. Ihr würdet meinen, daß wir auf Mitleid machen wollen. Und außerdem könnte es Euch daran erinnern, daß auch Ihr alt werdet. Daß auch Ihr sterblich seid. Wo Ihr doch gerade Besitz und Titel für ein ewiges Leben hortet.
Also schweigen wir, wenn sich der Tod heranmacht.

Schweigen in einsamer Panik, markieren würgend Lebenslust, spielen heiter Zuversicht. *Bis dahin ist es noch lang*, sagt Ihr. »Aber ja, natürlich.« *In deinem Alter noch nicht*, sagt Ihr. »Aber nein, natürlich nicht.« *Weshalb also diese pessimistischen Gedanken?* »Stimmt, wie dumm von mir, ist auch schon vorbei.«

So verbringen wir oft Jahre unseres Lebens – die letzten – als komische Alte im Ensemble Eures degoutanten Laientheaters. Ihr spielt uns vor, daß wir noch ewig dabeisein werden, und wir tun so, als würden wir Euch glauben. Und unsere Testamente – auf denen Ihr freilich gutmütig besteht – machen wir immer nur für »alle Fälle« und für »wenn einmal etwas passiert«. Nur für den einen Fall, der demnächst ganz bestimmt passieren wird, unsern Todesfall, machen wir sie nicht.

Und so vermasselt Ihr uns auch noch den Abgang. So betrügt Ihr uns auch noch um den Abschied. So verhindert Ihr auch noch unsere Tränen. So erstickt Ihr auch noch unsere Klagen. So würgt Ihr auch noch unser Gewimmer ab. So vermiest Ihr uns auch noch das Sterben. So stehlt Ihr uns auch noch den Tod.

Ihr klaut uns das ewige Leben.

Und auch das ewige Leben klaut Ihr uns so. Denn da Ihr bleiben dürft und wir gehen müssen, wäre das einzige Leben nach dem Tod, auf das wir uns vorläufig verlassen könnten, eines durch Euch. Nur wenn Ihr an uns denkt, werden wir hierbleiben. Nur wenn Ihr von uns sprecht, können wir uns über die Grenze retten. Nur wenn wir Euch beeindrucken, dürfen wir weiterleben. Doch wenn Ihr uns nicht mehr zuhört, wenn Ihr uns nichts mehr fragt, wenn ihr uns nicht mehr seht, wie sollen wir Euch dann beeindrucken? He?

Ihr stehlt uns also, ganz einfach, weil Ihr sie nicht hören wollt, unsere letzten Worte. Die großen und kleinen Weisheiten, die wir Euch noch sagen wollten, bleiben ungesagt. Unsere gewissenhaft vorbereiteten Abschiedsreden finden nicht mehr statt. Unsere wohldurchdachten Ratschläge für Euer Weiterleben bleiben ungehört. Die zärtlichen Sätze, mit denen wir uns mit Euch versöhnen wollten, bleiben unausgesprochen. Und unser feierlicher Segen würde Euch doch nur genieren. Es sei denn, er käme wirklich im allerletzten Augenblick, und der ist bei Euren neuen Medikamenten ja kaum zu kalkulieren.

Ihr betrügt uns also, ganz einfach, weil Ihr sie nicht mit uns teilen wollt, um unsere letzten Wahrnehmungen. Die Tage, in denen man alles genau sieht, weil alles nie mehr wiederkehrt. Die Stunden, in denen endgültig die Sonne untergeht, der Mond nicht mehr auftaucht, die Sterne verschwinden, die Bäume stürzen, die Blumen welken, die Welt versinkt. Wir hätten Euch beschreiben können, wie das ist, das Sterben. Und Ihr hättet diese Beschreibungen an Eure Kinder weitergeben können. Aber Ihr wolltet ja nichts davon hören.

Ihr klaut uns also, ganz einfach, weil Ihr Euch weigert,

sie mitzuerleben, unsere allerletzte Zeit. Die Zeit, in der es demnächst keine Zeit mehr geben wird. In der die Zukunft bald schon keine Zukunft hat. In der die Folgen bald schon keine Folgen bringen. In der endlich alles für sich selber spricht, weil nie mehr etwas dagegen sprechen kann. Wir hätten Euch erzählen können, wie er vor sich geht, der Tod. Und Ihr hättet Euch später daran erinnern können. Doch Ihr wolltet es ja nicht wissen.

Und so, Ihr verlogene Bagage, bringt Ihr uns um den allerhöchsten Gipfel. Und so, Ihr betrügerische Kanaille, verbietet Ihr unser feierlichstes Fest. Und so, Ihr Gangster, Ihr Heuchler, Ihr Jungen, Ihr Pack, stehlt Ihr uns auch noch das bißchen Unsterblichkeit, auf das wir vielleicht Anspruch hätten. Denn Ihr bleibt, wir gehen. Und wenn Ihr uns so leicht vergessen dürft, ist schon bald nichts mehr von uns übrig.

III

Und das alles haben wir jetzt satt.
Wir haben es satt, ja!
Wir haben es satt!
Wir haben es satt, satt, satt!
Habt Ihr das verstanden?

Wir sind nicht mehr Eure Senioren.
Wir haben es nämlich satt, Eure Senioren zu sein.
Eure lieben reiferen Mitbürger.
Eure wundervollen Menschen im dritten Lebensalter.
Eure hochverehrte goldene Generation.

Wir werden diese Verlogenheit nicht länger tolerieren.
Eure Heuchelei hängt uns zum Hals heraus.

Wir finden sie zum Kotzen.

Ab sofort sind wir für Euch nur doch das, was wir wirklich sind: *Alte.*
Alte Leute.
Menschen im letzten Lebensalter, wenn schon.
Die sterbende Generation, falls überhaupt. Denn wir sind ja alt.
Und alt heißt von jetzt an nichts als alt.
Alt.

Alt.
ALT.
ALT.

Wir haben es auch satt, Eure gönnerhaften Komplimente anzuhören: *Er kann denken wie ein Junger. Sie läuft noch wie ein Teenager. Siebzig wollen Sie sein? Ich hätte Ihnen glatt zehn Jahre weniger gegeben. Was, das ist Ihre Tochter? Man würde Sie für Schwestern halten, garantiert.*

Sagt einmal: Wie kommt Ihr eigentlich auf die Idee, daß Ihr uns mit diesem Blödsinn eine Freude macht? Wir wollen doch gar nicht wie Ihr denken: Wir denken wie wir, und das genügt uns. Wir wollen nicht wie Ihr laufen: Wir laufen wie wir, und das ist schnell genug. Warum sollen wir jünger aussehen mögen, als wir sind? Würde uns das vor dem Tod bewahren? Weshalb sollten wir froh sein, wenn man uns für die Geschwister unserer Kinder hält? Es sind doch unsere Kinder: Wir haben sie extra gemacht.

Spart Euch also von jetzt an diese windigen Schmeicheleien. Denn erstens sind die meisten von uns wirklich nicht verkalkt genug, um Euch das abzukaufen. Und zweitens sind es doch nur Komplimente, die Ihr Euch selber macht. Denn Ihr sagt damit nichts anderes, als daß »jung« ein anderes Wort für Wert ist, und »alt« eines für Wertlosigkeit.
Aber wir *sind* alt.
ALT.

Und das bedeutet ab sofort WERTVOLL.

Und auch sonst könnt Ihr Euch in Zukunft ein bißchen mehr zusammennehmen, wenn Ihr mit uns redet. Da wir schon dabei sind: Wir haben es zum Beispiel auch satt, uns ohne Einladung von Euch duzen zu lassen. Wir finden das tatsächlich unerhört. Falls wir eine Annäherung wünschen, werden wir Euch das wissen lassen. Ansonsten verschont uns. Und wenn Ihr uns »Opa« oder »Oma« nennt, seid Ihr ja auf jeden Fall im Irrtum: So sprechen uns sinnvollerweise nur Blutsverwandte an.

Ihr sagt zu Narren »du«, oder zu Kindern. Und vielerorts duzt Ihr auch noch immer Eure kleinen Dienstboten.
Wir aber sind weder Eure Narren noch Eure Kinder. Und wir werden die Welt so verändern, daß Ihr gar nicht auf die Idee kommt, uns für Eure Dienstboten zu halten.
Denn wir sind alt.
ALT.
Und das bedeutet ab sofort STOLZ.

Und deshalb haben wir es auch satt, weiterhin Euer diffamierendes Verjüngungsangebot zu konsumieren: Eure Verjüngungscremes, Verjüngungslotions, Euer synthetisches Wangenrot, Eure Verjüngungsmasken, Eure Spezialtönungen für unsere grauen Haare, Eure Spezialwässerchen gegen Haarausfall, Eure Toupets für unsere Glatzen, Eure Trimmgeräte für unsere Bäuche, Eure Silikonbusen, Silikonärsche, Silikonschwänze, Eure jugendlichen Kleider in jugendlichen Farben, Eure verjüngenden Schlamm-, Moor- und Wechselbäder, Eure Verjüngungsdragees, Verjüngungskapseln, Verjüngungszäpfchen, Eure teuflische Verjüngungschirurgie mitsamt dem ganzen Folterarsenal an intramuskulären, intravenösen, subkutanen, sublingualen, infraokularen, paralumbalen, extratyroidalen, supraglutealen und so weiter Spritzen, mit denen Ihr uns immer wieder neue Jugend schenken wollt.

Denn während Ihr uns alle diese Wundermittelchen empfehlt, behauptet Ihr ja nichts anderes, als daß »jung« ein anderes Wort für Schönheit ist, und »alt« eines für Häßlichkeit. Und wenn wir dann diesen Empfehlungen Folge leisten und uns von Euch »verjüngen« lassen, schließen wir uns dieser Meinung an. Und das werden wir ab sofort nicht mehr tun.
Denn wir sind alt.
ALT.
Und deshalb werden wir die Welt jetzt so verändern, daß dieses Wort SCHÖN bedeutet.

Und wir haben es satt, uns von Euch aussondern und abschieben zu lassen. Diese hochkomfortablen Gettos, die Ihr so liebevoll als Seniorenheime, Seniorentreffs, Seniorenklubs bezeichnet, die dürft Ihr in Zukunft selbst bewohnen. Dort könnt Ihr Euch in Zukunft mit Euch selber treffen. Wir haben sie nämlich satt.

Und auch Eure wohlwollenden Senioren-Kaffeekränzchen, -Kegelabende, -Schachturniere, -Ausflüge, -Tanzstunden, -Gymnastikkurse könnt Ihr Euch in Zukunft sparen. All die Betriebstreffen für Pensionäre, Telefonzirkel für Alleinstehende, all die barmherzigen Werkstätten, in denen wir Alte unter unseresgleichen Flickschusterei, Töpferei, Ausbesserungskünste, Holzschnitzen, Volksliedersingen und autogenes Training üben dürfen: Laßt uns damit in Frieden, ja? – Falls wir in dieser Richtung irgendwelche Bedürfnisse verspüren sollten, werden wir das selber managen. Dazu sind wir nämlich fähig, auch wenn Ihr es kaum glauben könnt.

In Zukunft wollen wir nicht nur unter uns, sondern auch unter Euch bleiben.
Wir sind nämlich keine schwachsinnigen Spezies, die man in Heimen verstecken muß.
Wir sind keine ansteckenden Kranken, die man unter Quarantäne hält.
Wir sind kein Wohlstandsmüll, der sich auf Abfallhalden kippen läßt.
Wir sind Menschen, genau wie Ihr.
Wir gehören dazu.
Denn wir sind alt.
ALT.
Und das bedeutet ab sofort INTEGRIERT.

Und wir haben es satt, Eure geschmacklosen Ratschläge und zynischen Trostesworte über uns ergehen zu lassen. *In Demut dem Herrn entgegenschreiten*, ratet Ihr, wenn wir über unser Alte-Leute-Schicksal klagen. *Denn beim Herrn,* sagt Ihr, *da wird dann alles anders: Die Ersten werden dort die Letzten und die Letzten die Ersten sein.*

Dieser Trost wird abgelehnt, denn er ist elitär: Glauben sei eine Gnade, sagt man – also kein persönliches Verdienst. Was ist mit denen, denen sie verweigert wird? Die das nicht glauben können, beim besten Willen nicht? Wie, wann und wo werden die entschädigt?

Dieser Trost wird abgelehnt, denn er ist lebensfeindlich: Wenn sich einer auf das ewige Leben freut, darf er es dann in diesem hier nicht gut haben? Falls man in Eurem Restaurant den Nachtisch bestellt, muß man dann zur Strafe auf das Hauptgericht verzichten?

Dieser Trost wird abgelehnt, denn er ist reaktionär: Er soll verhindern, daß wir etwas unternehmen, hier und jetzt. Denn wenn man in einer nächsten Welt für alles Leid belohnt wird, das man in dieser hier erduldet, dann wird man geil auf die Leiden, die Ihr zu verteilen habt. Wenn jede Demütigung ein Gutschein für ein späteres Glück ist, wird man süchtig nach Euren Demütigungen. Wenn Bescheidenheit in diesem Leben das Ticket für Anerkennung in einem nächsten ist, ist man gern bescheiden. Vor allem, wenn man, wie wir Alte, direkt vor der Pforte zu stehen glaubt.

Verschont uns also, ja?

Ob wir demütig dem Herrn entgegenschreiten oder nicht, das laßt unsere Sorge sein. Dafür seid Ihr nicht zuständig.
Für Euch gilt folgendes:
Wir wollen jetzt schon leben, nicht erst später.
Ob wir nun glauben oder nicht: Wir fordern ein Leben *vor* dem Tod.
Denn wir sind alt.
ALT.
Und das bedeutet ab sofort LEBENDIG.

Und wir haben es satt, auf Eurer Anklagebank herumzusitzen. Wir haben es satt, für Euch den Sündenbock zu spielen, das dürft Ihr glauben.

O ja, das könnte Euch so passen: An allem, was Euch auf dieser Erde nicht gefällt, bekommen automatisch wir die Schuld – Eure Väter, Eure Mütter, Eure Lehrer. Oder alle Väter, Mütter und Lehrer zusammen: »die Gesellschaft«. Von uns und der »Gesellschaft« kommt immer alles Schlechte – das Gute kommt immer von Euch. Eure miesen Eigenschaften wurden Euch stets von Euren miesen Eltern anerzogen – die edlen sind dagegen stets Euer eigenes Verdienst. Und so entsteht dann der für Euch so schmeichelhafte Eindruck, daß »jung« ein anderes Wort für UNSCHULD ist und »alt« eines für VERKOMMENHEIT. Und genau da spielen wir nicht mehr mit.

Natürlich haben wir Fehler gemacht. Und ob wir die gemacht haben, und ob – wer könnte das bestreiten?

Aber Ihr vergeßt bei Eurem Jüngsten Gericht, daß ja auch wir nicht vom Himmel gefallen sind. Auch bei uns gab es Vater, Mutter, Lehrer und »Gesellschaft«. Auch wir wurden in unserer Kindheit entweder zu wenig oder zu viel geliebt, auch uns hat man entweder zu streng oder zu lasch behandelt, auch in unserm Elternhaus war man entweder zu prüde oder zu freizügig.

Sollen wir jetzt vielleicht auch zum Psychiater laufen, damit man uns in endlosen Sitzungen von unserm Vaterkomplex befreit? Müssen wir die Fotos unserer längst verstorbenen Mütter zerreißen, damit ein für allemal die Nabelschnur durchtrennt ist? Dürfen wir die Gräber unserer Vorfahren in die Luft sprengen, in einem Akt von später aber legitimer Rache? Und wie ist es mit denen? Auf welche Weise könnten die es ihren Peinigern heimzahlen? Denn entweder wurden wir alle programmiert, oder keiner, nicht wahr?

Erspart uns also in Zukunft die ewigen Abrechnungen mit der Vätergeneration. Verschont uns mit den stets pikanten Neuigkeiten von der Psychiaterfront. Wir haben hiermit Eure diversen Kindheitstraumata mit Bedauern zur Kenntnis genommen. Wir erklären uns über Euren quälenden Mutterkomplex hinreichend informiert. Glaubt uns: Wir haben eingesehen, wir haben gebüßt, wir haben bereut. Und jetzt ist Schluß.

Wer die Schuld immer nur in der Vergangenheit sucht, verliert seine Zeit. Es geht hier nicht darum, die Versäumnisse von Adam und Eva aufzuspüren. Es geht um uns, es geht um *jetzt*. Nur *jetzt* kann man etwas ändern. Und deshalb kann man auch nur *jetzt* schuldig werden. Wenn wir Euch also heute auf Eure Grausamkeiten aufmerksam machen und Ihr sie trotzdem weiterhin begeht, dann tragt ab morgen Ihr die Schuld an dem, was ist. Wenn wir heute begreifen, was Ihr mit uns gemacht habt, und trotzdem nicht gegen Euch antreten, dann dürft Ihr sagen, daß im Grunde wir Alte selbst schuld sind an allem, was mit uns geschieht. Daß wir es so *wollen*.

Zunächst einmal wollen wir es nicht.
Zunächst wollen wir nicht büßen, sondern handeln.
Und deshalb erteilen wir uns hier die Absolution:
Wir sind alt.
ALT.
Und das bedeutet ab sofort SCHULDFREI.

Außerdem haben wir es satt, Euer Mitgefühl zu strapazieren. Wir haben es satt, in Dankbarkeit und Demut Eure verlogene Hilfe in Anspruch zu nehmen. Wir haben es satt, Eure Altruismusorgien mitzufeiern. Das dürft Ihr glauben.

Natürlich werden wir Euch nicht den Spaß verderben, wenn Ihr Florence Nightingale und Albert Schweitzer spielen wollt. Für manche Leute ist Geben wirklich seliger denn Nehmen, denn der Opferwilligste ist ja immerhin der Erste von ganz hinten, nicht wahr? Doch in Zukunft werden wir nicht mehr erlauben, daß Ihr diese erhabenen Rollen auf unsere Kosten spielt.

Nichts gegen Hilfe. Aber wenn Ihr immer nur uns helfen dürft und wir nie wieder Euch, dann entsteht zwangsläufig der Eindruck, daß »jung« ein anderes Wort für Selbständigkeit ist und »alt« eines für Hilflosigkeit. Und dieses Image können wir ab sofort nicht mehr brauchen.

Wir werden also die Welt so verändern, daß wir in ihr nicht mehr hilflos sind.
Wir werden sie so verwandeln, daß wir Eure Protektion nicht mehr brauchen.
Denn wir sind alt.
ALT.
Und das bedeutet demnächst SELBSTÄNDIG.

Und wir haben es satt, uns von Euch belehren zu lassen. Eure besserwisserischen Altenbildungsprogramme hängen uns zum Hals heraus, verstanden? Denn wenn Ihr immer nur uns unterrichtet und wir nie wieder Euch, dann heißt das doch, daß man von Euch einiges zu lernen hat und von uns gar nichts – daß »jung« ein Synonym für INFORMIERT ist und »alt« eines für AHNUNGSLOS. Und das paßt uns nicht mehr.

Denn nun beginnt Ihr ja in Eurer großen Barmherzigkeit sogar noch Universitäten – Seniorenuniversitäten – für uns einzurichten. Schicke Wissenstempelchen für das dritte Lebensalter, wo Ihr uns mit nachsichtigem Lächeln und allergrößter Toleranz für unsere dämlichen Zwischenfragen erklären wollt, was heute in der Welt so vor sich geht. Auf diese Weise können wir alten Leutchen uns nämlich noch mal so richtig wichtig machen: »Nein, heute geht es leider nicht – heute habe ich Vorlesung . . .« *Das Selbstwertgefühl steigern* – so nennt Ihr das doch, nicht wahr?

Und das Tollste: Jeder darf bei Euch sein Selbstwertgefühl steigern. O ja, da seid Ihr ganz demokratisch: Für das Studium an *dieser* Alma mater braucht man nicht einmal einen Schulabschluß. Denn ein Alter mit Wissenslücken, was könnte der schon anstellen? Selbst wenn er dreißig Jahre vor sich hat und dank Eurer generösen Nachhilfe so gescheit wird wie Albert Einstein: Er bekäme doch sowieso keinen Arbeitsplatz, nicht wahr? Warum soll man ihm also bürokratische Schwierigkeiten machen und ein Abitur verlangen? Solche Bedingungen stellt man Leuten, mit denen man etwas vorhat. Nicht den Alten. Hier handelt es sich lediglich darum, neben dem Fahrersitz ein Kinderlenkrad anzubringen und dem rührenden Studentlein das Gefühl zu geben, daß es mitdenkt und mitlenkt.

Und da wir das wissen, haben wir die Konsequenzen gezogen.
Ja: Wir haben trotz unserer Bildungslücken beschlossen, diese Welt so zu verändern, daß wir uns auf gleicher Ebene begegnen. Daß auch wir Euch etwas beizubringen haben.
Daß Ihr gar nicht auf den Gedanken kommt, uns diese wissenschaftliche Schonkost anzubieten.
Wenn wir studieren wollen, werden wir die gleichen Universitäten wie Ihr besuchen, und dort werden wir

nicht nur Eure Schüler, sondern auch Eure Lehrer sein.
Denn wir sind alt.
ALT.
Und in nicht allzu ferner Zukunft wird dieses Wort auch INFORMIERT bedeuten.
Verstanden?

Und wir alten Frauen haben es satt, uns von Euch vereinsamen zu lassen! Wir haben es satt, nach dem Tod unserer Männer so viele Jahre allein zu sein, das dürft Ihr gern glauben. Wir überleben sie jetzt nämlich schon um zwölf Jahre, denn wir haben im Schnitt um vier Jahre ältere Männer geheiratet und genießen je nach Land eine um sechs bis zehn Jahre höhere Lebenserwartung. Und die ist ständig noch im Steigen.

Wir haben uns daher entschlossen, diese Welt so zu verändern, daß unsere Männer nicht mehr so früh sterben. Und dies nicht nur wegen der Einsamkeit. Denn wenn immer so viele von uns alten Frauen übrigbleiben und so wenige von den alten Männern, dann sieht das doch so aus, als hätten wir die ein Leben lang für uns ausgenützt. Das macht doch dann unweigerlich den Eindruck, als ob »männlich« ein anderes Wort für fleißig, unterdrückt und aufopfernd wäre, und »weiblich« eines für faul, ausbeuterisch und parasitär. Und das geht gegen unsere Ehre. Früher oder später schädigt diese immer höhere Lebenserwartung unseres Geschlechts und die immer gleichbleibende des andern unseren guten Ruf.

Wir werden also in Zukunft alles tun, um unsere Partner zu entlasten.
Wir werden ein System erfinden, in dem auch unsere Geliebten überleben dürfen.
Wir werden einen Lebensstil suchen, zu dem man keinen Ernährer mehr braucht.
Denn wir sind alt.
ALT.
Und das bedeutet ab sofort FAIR.

Und wir alten Männer haben es satt, weiterhin Almosen von Euch zu nehmen. Wir sind es gewohnt, unser Geld selbst zu verdienen, wir wollen keine Geschenke. Und als Geschenk seht Ihr unsere Renten letzten Endes eben doch: Daß wir für dieses Geld früher einmal hart arbeiten mußten, habt Ihr nämlich längst verdrängt. Würdet Ihr es sonst wagen, uns vorzuhalten, daß heutzutage Ihr Jungen mit Eurer Hände Arbeit den Unterhalt einer stetig steigenden Zahl untätiger Alter verdienen müßt? Würdet Ihr Euch sonst bei jeder Anpassung unserer Bezüge an Eure unablässig wachsenden Gehälter wie Weihnachtsengel gebärden?: *Na, ihr lieben Alterchen, was sagt Ihr nun? Schon wieder eine Rentenerhöhung. Ja, ja, wir vergessen Euch schon nicht. Ihr guten Leutchen sollt auch etwas vom Kuchen abbekommen. Hoffentlich könnt Ihr mit dem vielen Geld auch umgehen!*

Wir werden also für die, die das stört, ein Milieu schaffen, wo Ihr Eure gönnerhaften Phrasen nicht mehr über die Lippen bringt. Denn wenn Ihr immer

über unsere Bezüge mitbestimmen dürft und wir niemals über die Euren, dann entsteht zwangsläufig der Eindruck, daß »jung« ein anderes Wort für UNABHÄNGIG ist und »alt« eines für ABHÄNGIG.
Und das wird uns jetzt zu dumm.
Wir sind alt, müßt Ihr wissen.
ALT.
Und das bedeutet ab sofort UNABHÄNGIG.

Und wir haben es satt, Euch den Applaus zu spenden. Wir haben es satt, Euer unbedarftes Publikum zu spielen. Darauf könnt Ihr Euch verlassen. – Denn wenn wir erlauben, daß Ihr ewig so weitermacht, dann entsteht allmählich der Eindruck, als sei »jung« ein anderes Wort für VERANTWORTLICH und »alt« eines für VERANTWORTUNGSLOS. Und das ist uns neuerdings zu gefährlich.

So ist es uns zum Beispiel zu gefährlich, Eure halsbrecherische Wirtschaft mitzumachen. Wenn Ihr ein immer höheres Wachstum braucht, um immer höhere Löhne zu zahlen, und diese Löhne dann sofort dazu verwendet werden müssen, die Produkte Eures höheren Wachstums aufzukaufen, dann ist doch etwas faul mit Eurer Wirtschaft. Wenn sie nur noch dann funktioniert, wenn Ihr immer mehr Autos herstellt, die dann mit ihrem Lärm und ihren Abgasen unsere Städte immer unbewohnbarer machen und uns wegen des immer größeren Energiebedarfs politisch immer mehr in Abhängigkeit stürzen, dann ist doch etwas faul. Wenn Ihr Automaten produziert, die Fließbandarbeiter von ihrem Joch erlösen könnten, und dann wegen Gefährdung von Arbeitsplätzen diese Automaten nicht zum Einsatz bringen dürft, dann ist doch etwas faul.

Ihr laßt uns glauben, Ihr hättet die Übersicht. Dabei seid Ihr längst beim Beten. Du lieber Karl Marx, beten die einen, wie können wir das stoppen? Du lieber Adam Smith, flehen die andern, wie soll das weitergehen?

In Zukunft werden wir uns also wieder einmischen. In Zukunft werden wir Euch wieder auf die Finger schauen: Wir werden wieder mitdenken.
Denn wir sind alt.
ALT.
Und das bedeutet ab sofort VERANTWORTLICH.

Und wir haben es satt, uns von unseren Arbeitsplätzen verjagen zu lassen. Ja, hört gut zu: Wir haben es satt, uns an unserm Sechzigsten von Euch feuern zu lassen.

Ihr redet vom Recht auf Arbeit.

Recht auf Arbeit – daß wir nicht lachen.
Für wen denn? Doch nur für Euch.
Für uns habt Ihr das Recht auf Arbeitslosigkeit vorgesehen. Zu unserm Besten, sagt Ihr. Damit wir endlich an uns selber denken können. Damit wir uns endlich unseren eigenen Interessen widmen können.

Und uns der Gesellschaft jener freuen dürfen, die wir lieben: der Freunde, der Kinder, des lieben Partners, der lieben Partnerin. Denn das haben wir schließlich verdient. Dafür haben wir all die Jahre unsere Pflicht getan.

Unsere Pflicht, ja, wahrhaftig, die haben wir getan. Zehn Jahre Schulpflicht. Vierzig Jahre Arbeitspflicht. Tagschicht, Nachtschicht, Sonderschicht. Fortbildung. Überstunden. Und dann die Militärpflicht. Die Kriegspflicht. Die Mutterpflicht. Die Vaterpflicht. Die Bürgerpflicht.
An wen sollen wir denken? An uns? – Wir haben gar nicht gemerkt, daß es uns gibt.
Was für Interessen sollen wir uns widmen? Unseren? – Ein Interesse, was ist denn das, bitte sehr? Und wann hätten wir so was entwickeln sollen? Vielleicht im Schlaf?
Die Freunde, ach ja. Mit wem hätten wir uns eigentlich befreunden sollen? Und wann? Am Förderband? Beim Schlangestehen in der Kantine? Auf dem Heimweg, im überfüllten Omnibus?

Und was für Kinder? Unsere Kinder sind längst erwachsen und in anderen Gegenden angesiedelt. Es fällt ihnen leicht, uns zu vergessen: Sie kannten uns ja kaum. Und was den lieben Partner betrifft, den stören wir doch nur. Da gehen wir schon lieber in die Parkanlagen und sehen den kleinen Vögeln zu.

In Zukunft werden also *wir* bestimmen, was unser Bestes ist.

In Zukunft werden *wir* Euch sagen, wann wir unsere Pflicht getan haben. Wann wir an uns selber denken wollen. Oder an die Liebsten.

Was man verdient hat, nimmt man sich. Das muß man sich nicht zuteilen lassen. Schon gar nicht von Euch.

Eure großzügige Pensionierung könnt Ihr Euch also an den Hut stecken. Sowohl die jetzige als auch die geplante. Die immer großzügigere. Die zu unserm Besten immer frühere und immer besser honorierte. Der Preis, den wir für Eure monatlichen Bestechungsgelder zahlen, ist uns nämlich zu hoch. Viel zu hoch. Und deshalb werden wir ihn von jetzt an auch verweigern.

Gleichzeitig kündigen wir auch das Gentlemen- und Ladies-Agreement, wonach Inhaber von Spitzenjobs spätestens ab sechzig ihren Posten für den dynamischen Nachwuchs freizugeben haben. Selbst wenn in diesem Fall Abfindung und Rente noch so hoch sind: Dieser Rückzug ist inakzeptabel, denn er führt ins Nichts. Wo ist denn der ehemalige Vorgesetzte, an den man sich zwei Jahre nach seinem Rücktritt noch voller Bewunderung erinnern mag? Wo ist der große Boss, von dem sich ein dankbarer Nachfolger immer wieder wertvollen Rat holt? Spart Euch also die läppischen Lobeshymnen, die Ihr zu unserm Sechzigsten auf den Wirtschaftsseiten und in den Feuilletons Eurer Tageszeitungen verbreitet. Von jetzt an gehen wir ohne Nachruf. Und zwar dann, wenn *wir* es für richtig halten. Wir sind nämlich auf Eure Zensuren gar nicht angewiesen. Auch wenn Ihr es kaum glauben könnt:

Ob wir in unserer Arbeit gut waren oder nicht, das wissen wir selbst am besten.
Denn wenn Ihr uns mit sechzig so unverfroren in die Wüste schicken dürft, dann heißt das doch nichts anderes, als daß wir von da an zu keiner vernünftigen Tätigkeit taugen. Daß »jung« ein anderes Wort für Kompetenz ist und »alt« eines für Inkompetenz. Und wenn wir dann tatsächlich gehen, unterzeichnen wir dieses Werturteil.
Und das werden wir ab sofort nicht mehr machen.
Denn wir sind alt.
ALT.
Und deshalb werden wir die Welt jetzt so verändern, daß dieses Wort in Zukunft KOMPETENT bedeutet.

IV

Ihr lieben dummen Alterchen, sagt Ihr nun, *das klingt ja soweit ganz nett. Doch wie wollt Ihr das denn anstellen, he? Die Welt verändern – das sind große Worte. Aber seht einmal: Ihr habt doch keinerlei Macht. Alte Leute können nicht einmal in Streik treten, wie etwa die Arbeiter, wenn sie etwas erreichen wollen. Nicht sanktionsfähig, nennt man das heutzutage: Ihr seid als Gruppe nicht sanktionsfähig – Ihr könnt nichts durchsetzen, weil Ihr nichts verweigern könnt. Denn es hängt ja kein Mensch von Euch ab. So hart das klingt: Wenn Ihr hier etwas verändern wollt, seid Ihr ganz auf unseren guten Willen angewiesen. Ohne uns läuft da gar nichts.*

Ach so? – So seht Ihr das also? Nicht sanktionsfähig? Keine Macht?
Nun, da seid Ihr im Irrtum.
Wir Alten sind nämlich in westlichen Industrieländern auf vierfache Weise sanktionsfähig – wir haben hier vier verschiedene Arten von Macht:

Erstens: ***Die Macht des Konsumenten***

Mit dieser Macht können wir Industrieprodukte boykottieren. Mit dieser Macht können wir die öffentliche Meinung beeinflussen: Presseerzeugnisse sowie die meisten Funk- und Fernsehsendungen werden zum Großteil durch Werbung finanziert. Wenn wir Alten nun zum Beispiel eine bestimmte Zeitung nicht mehr kaufen, weil uns der redaktionelle Teil nicht gefällt – etwa weil er über uns in einer Weise berichtet, die uns nicht paßt –, dann verliert die Zeitung an Auflage und damit zumindest einen Teil der Anzeigen, von denen sie leben muß.

Zweitens: ***Die Macht des Freizeitbesitzers***

Die meisten von uns Alten haben fast unbegrenzt Zeit. Diese Zeit können wir für Öffentlichkeitsarbeit in unserem Sinn verwenden: Wir können Bürgerinitiativen und Interessenverbände gründen, wir können unsere Ziele in Altenräten und Altenlobbies verfolgen, wir können eine eigene politische Partei ins Leben rufen. Es dürfte uns für diese Kampagnen auch kaum an Qualifikation mangeln: In unseren Reihen befinden sich Experten aller Berufe, und sie alle haben Zeit.

Drittens: ***Die Macht des Wählers***

Etwa 37 Prozent der Wahlberechtigten sind in westlichen Industrieländern über sechzig. Da immer weniger Kinder geboren werden und die Lebenserwartung weiter steigt, ist diese Zahl im Wachsen. Dazu kämen noch diejenigen, die sich mit den Zielen der Alten solidarisieren würden, weil deren Probleme schon bald ihre eigenen sein werden: Es ist anzunehmen, daß sich ein Teil der über Vierzigjährigen auf die Seite der Alten schlagen würde, mit Sicherheit jedoch die Mehrheit der über Fünfzigjährigen. Mit diesem enormen Wählerpotential können wir das Programm jeder der großen politischen Parteien in unserem Sinne beeinflussen.

Viertens: ***Die Macht des Erblassers***

Die meisten von uns haben zumindest eine kleine Erbschaft testamentarisch zu vergeben. Mit dieser Macht können wir sowohl individuelle als auch kollektive Sanktionen durchführen.

Wir werden diese vier Machtfaktoren auf folgende Weise einsetzen:

a) Unsere Macht als Konsumenten von Produkten der Kosmetik-, Unterhaltungs- und Informationsindustrie werden wir dazu benützen, unser *Image* zu verändern: Wir werden hier auf allen Gebieten endlich für uns Alte günstigere ästhetische Maßstäbe durchsetzen.

b) Unsere Macht als Besitzer von Freizeit werden wir dazu benützen, unsere *Umwelt* zu verändern: Wir werden die Städte wieder für uns bewohnbar machen und aus den Altengettos zurückkehren.

c) Unsere Macht als Wähler werden wir dazu benützen, die *Arbeitswelt* zu verändern: Wir werden die täglichen Arbeitszeiten radikal verkürzen und dadurch für die Zukunft eine Berufstätigkeit mit Openend ermöglichen.

d) Unsere Macht als Erblasser werden wir dazu benützen, die materiellen Voraussetzungen zu schaffen, die die Durchführung der ersten drei Veränderungen gewährleisten.

V

Mit unserer Macht als Konsumenten werden wir also die ästhetischen Maßstäbe ändern, nach denen man uns Alte beurteilt. Das wird auf folgende Art geschehen:

1. Wir werden es in Zukunft ablehnen, Produkte der Kosmetikindustrie zu kaufen oder Dienstleistungen dieser Industrie in Anspruch zu nehmen, wenn uns die Werbung verspricht, daß diese uns *jünger* machen.
2. Wir werden Presseerzeugnisse, Funk- und Fernsehsendungen boykottieren, die durch Werbung für Produkte finanziert werden, die ihren Konsumenten *verjüngende Wirkung* versprechen.
3. Wir werden Presseerzeugnisse, Funk- und Fernsehsendungen boykottieren, die den Begriff der Jugendlichkeit in der Beschreibung eines alten Menschen in schmeichlerischer Absicht verwenden. Denn wenn man von einem Sechzigjährigen behauptet, daß er jugendlich wirkt, ist das ebenso kränkend, wie wenn man einen Dreißigjährigen als kindlich oder ältlich beschreibt. In der Öffentlichkeit stehende Alte, die diskriminierende Komplimente dieser Art nicht zurückweisen, werden wir als Verräter ihrer Generation betrachten.

Das Wort »verjüngend« muß also in der Werbung in Zukunft durch andere Worte ersetzt werden: »verschönend«, »gesundheitsfördernd« usw. Schönheit ist ein neutraler Begriff, unter dem jeder verstehen kann, was er will. Gesundheit ist ein Zustand, den alle Generationen für gleich erstrebenswert halten.

Es kann also nach wie vor für Haarfärbemittel, Hautcremes, Toupets, Vitaminpillen, Gesichtschirurgie usw. geworben werden: Wenn jemand sein Aussehen verändern will, ist das eine persönliche Entscheidung, die auch wir Alten zu respektieren haben. Wir werden jedoch nicht erlauben, daß Werbung, die zu solchen Verwandlungen verlocken soll, auf unsere Kosten geht.

So darf zum Beispiel für ein Haarfärbemittel mit dem Versprechen geworben werden, daß es die jetzige Haarfarbe überdeckt. Nicht erlaubt ist jedoch in Zukunft der Hinweis, daß dieses Mittel *graue* Haare überdeckt. Denn wenn eine so mächtige Branche wie die Kosmetikindustrie in ihren Werbekampagnen das Verdecken grauer Haare als begehrenswertes Ziel darstellt, entsteht nach und nach der Eindruck, daß graue Haare tatsächlich etwas sind, was man vor seinen Mitmenschen verbergen muß. Als Grauhaarige betrachten wir dies jedoch als imageschädigend.

Es kann für eine Gesichtscreme mit dem Versprechen geworben werden, daß dieses Produkt die Haut geschmeidiger macht. Inakzeptabel wird die Werbung in Zukunft dann, wenn sie das Glätten oder Austilgen

von *Falten* verspricht. Denn so entsteht dann der Eindruck, daß Falten etwas sind, dessen man sich zu schämen hat. Da jeder alte Mensch Falten hat, schädigt das unser Ansehen.
Außerdem: Als ob je einer von uns jünger geworden wäre durch Euren Hokuspokus. Als ob wir mit diesen albernen Maskeraden je etwas anderes erreicht hätten als unsere eigene Lächerlichkeit. Als ob es überhaupt begehrenswert für uns wäre, anders auszusehen, als wir sind. Jugendlich zu wirken. Jung. Als ob wir überhaupt daran interessiert sein könnten, noch einmal so wie Ihr zu werden.

Sagt einmal: Was ist denn eigentlich so schön an Euch?
Vielleicht Eure prallen, unfertigen Gesichter?
Eure in Unwissenheit strahlenden Augen?
Euer kerngesundes Allerweltslächeln?
Eure flotten, kleinen Bewegungen?
Eure am ganzen Körper faltenfrei ausgestopfte Menschenhaut?
Findet Ihr Euch denn wirklich so hinreißend, wie Ihr uns glauben machen wollt? Sollen wir uns tatsächlich an Euch ein Beispiel nehmen?
Wollt Ihr unser ästhetisches Vorbild sein? Ausgerechnet Ihr?
Du lieber Himmel, seid Ihr denn blind?
Schaut uns doch an.
Schaut uns an.
Aber richtig.
Und nur die von uns, die wirklich alt aussehen.
Nicht die Maskierten, Geschminkten und Gefärb-

ten, die Ihr mit Euren teuren Kosmetikserien fabriziert.
Nur die, die wirklich wie alte Leute gemächlich ihrer Wege ziehen. Nicht die sechzigjährigen Pseudobürschchen, die Ihr zu aufgedrehten Sportartikelkonsumenten abgerichtet habt.

Kommt her.
Näher, Ihr Feiglinge.
Noch näher.
Und vergeßt wenigstens für einen Augenblick, daß Falten, Glatzen, graue Haare, welke Haut, müde Augen, schwerfällige Bewegungen, gebückte Haltung, gemächliche Schritte in Eurer Welt als minderwertig, abstoßend und beschämend gelten.

Seht her.
Seht uns zu.
Seht uns an.
Keine Angst, wir tun Euch nichts.
Wir wollen Euch nichts aufschwätzen.
Wir wollen Euch nicht anfassen: Wir werden Euch nicht berühren, garantiert.
Und selbst wenn: Alter ist gar nicht ansteckend, müßt Ihr wissen. Alter ist gar keine Krankheit. Alter ist Gesundheit. Etwas zum Vorzeigen, nicht zum Verbergen. Alter ist Leben im Angesicht der baldigen Katastrophe: Es ist die letzte Lebenslust, der größte Mut.
Alles, was wir von Euch verlangen, ist also, daß Ihr uns endlich einmal anseht.
Ohne Vorurteile.
Ohne Hast.

Laßt Euch Zeit – wir haben Zeit.
Nehmt uns unter die Lupe.
Studiert uns.
Ganz unbarmherzig, jawohl von vorn, von hinten, von Kopf bis Fuß.
Geht um uns herum.
Macht euch mit uns bekannt.
Kommt näher, noch näher.
Nehmt Abstand, tretet zurück.
Genau wie im Museum, jawohl.

So, und jetzt kommt her.
Kommt her und sagt uns: War's schlimm?
War's abstoßend – fühlt Ihr Euch abgestoßen?
Hat Euch der Anblick deprimiert?
Hat er Euch Angst gemacht, weil Ihr an Euer eigenes Schicksal dachtet? An das, was – falls Ihr Glück habt – bestenfalls aus Euch werden kann?
Fandet Ihr uns wirklich so bemitleidenswert häßlich, wie Eure Werbung uns alle glauben machen möchte?
Müssen wir uns wirklich verstecken, maskieren, liften, verkleistern, verfärben, damit unser Anblick keinen beleidigt?
Müssen wir uns wirklich *verjüngen*, damit Ihr uns nicht so sehen müßt, wie wir sind: als Alte, alte Leute, sonst nichts?

Es war gar nicht so schlimm, nicht wahr? Ihr fühlt Euch gar nicht abgestoßen.
Ihr seid gar nicht so deprimiert, wie Ihr befürchtet hattet.
Das Alter ist's also vielleicht doch nicht, was Euch

Angst macht. – Vielleicht das Sterben, aber das ist ja sowieso eine andere Geschichte, vielleicht die Krankheit . . .

Aber wir sind ja gar nicht krank, wie Ihr jetzt wißt: Wir sind nur alt.
Wir sind gar nicht häßlich, wie Ihr jetzt seht: Nur alt.
Denn nicht einmal Ihr, mit Eurem berühmten kritischen Verstand, Eurer hochgelobten neuen Ästhetik, konntet uns »alt und häßlich« finden. *Wenn ich einmal alt und häßlich bin . . .*, einer Eurer Standardsprüche, nicht wahr? Aber jetzt, wo Ihr uns gesehen habt, findet Ihr uns auf einmal nur noch alt. Warum?

Weil alte Leute schön sind.
Ja: Alte Leute sind schön.
Betrachtet doch zum Beispiel nur die Augen der alten Leute: Wie schön die sind.
Denn Alte haben mehr erlebt als Junge: Sie wissen mehr, ihr Blick ist daher gescheiter. Alte haben in ihrem langen Leben mehr Fehler gemacht als Junge: Sie urteilen nicht mehr so hart, Ihr Blick ist daher gütiger. Alten bleibt nicht mehr soviel Zeit wie Jungen: Da sie bald nichts mehr sehen werden, ist ihr Blick auch aufmerksamer.
Außerdem haben die Augen der Alten von allen den wunderbarsten Rahmen: Vor dem Hintergrund welker Haut, grauer Haare, zurückhaltender Mimik, erhält ihr Blick eine Lebendigkeit und Leuchtkraft, die bei den Generationen ihresgleichen sucht.
Zugegeben, auch kleine Kinder haben schöne Augen: Da sie alles zum ersten Mal betrachten, sind sie pures

Staunen. Doch die schönsten Augen haben auf dieser Welt die Alten: Sie haben alles gesehen, sie sind beim Abschiednehmen.

Oder betrachtet zum Beispiel die grauen Haare der alten Leute. Sind sie nicht schön? Grau ist die Farbe der Farben: Die, aus der die andern kommen und in die sie dann wieder einmünden. Die, vor der die andern Farben erst sichtbar werden. Die, vor der sie erst zu leuchten beginnen.
Der Himmel in kühlen Gegenden ist grau, und auch das Meer, das diese Gegenden umspült. Die Steine sind grau und die Felsen und die Berge.
Warum also sollten ausgerechnet unsere grauen Haare nicht schön sein? Warum sollten wir sie färben?

Und dann die Gesichter der Alten.
O ja, auch bei Euch gibt es schöne, interessante Gesichter. Doch das ungeschminkte Gesicht eines Alten ist immer schön, immer interessant.
Es ist schön wegen des Reichtums an Geschichten, die dort ihre Spuren hinterlassen haben: Jede Story von Erfolg und Niederlage, Freude und Verzweiflung, Krieg und Frieden, die ein Mensch in einem langen Leben hinter sich bringt, bleibt für immer in sein Gesicht geschrieben und macht es im Alter schön.
Und da jedes Leben wieder ganz anders verläuft, ist dieses alte Gesicht, im Gegensatz zum jungen, auch einmalig, mit keinem anderen vergleichbar.
Allein schon die Furchen: Furchen, die zerklüften, unterteilen, die sich verzweigen, verlieren und dann wiederfinden, die sich hier sammeln und dort wieder auf-

lösen, die hier tief und schmal sind und dort breit und flach, die verlöschen, vergehen, versanden und dann ein paar Zentimeter weiter scheinbar grundlos auferstehen, und das in jedem Gesicht auf neue, andere Weise.
Und dann die Art, wie jedes Lächeln, jeder Ausspruch, jede Geste dieses sonderbare Gleichgewicht immer wieder aus der Fassung bringt, immer wieder verändert.
Was habt Ihr also gegen die Spuren auf unseren Gesichtern? Was habt Ihr gegen unsere Falten und Runzeln? Das sind doch die Geschichten, die wir verschweigen wollten. Die Bücher, die wir nicht geschrieben haben. Unsere in einem langen Leben angesammelte Weisheit. Sollen wir sie uns tatsächlich wegoperieren lassen? Sollen wir sie wirklich mit Schminke und Puder verkleistern? Oder wollt Ihr sie lieber entziffern?

Und dann die Bewegungen der alten Leute. Ihre langen, langsamen Gesten. Die viele Zeit, die mit diesen Gesten verschwendet wird. Der Eindruck von Reichtum, der durch diese Verschwendung entsteht.
Früher nannte man solche Gebärden majestätisch, souverän. Heute, wo die Herrscher sich jugendlich-dynamisch geben müssen, bleiben uns nur noch die Gebärden der Alten: Die sind noch immer königlich. Warum also sollten sie sich Eurem Rhythmus anpassen – einem Rhythmus, der ihnen nicht steht?
Warum sollen sie sich beeilen?

Okay, hören wir Euch sagen, *Schluß jetzt, das ist doch*

Schönfärberei. Was ist mit den Glatzen der alten Männer, ihren dicken Bäuchen, ihren dünnen Beinen? Wie passen zum Beispiel die Hängebusen der alten Frauen in dieses Schönheitsideal?

Du liebe Güte, seid Ihr Pedanten. Ein Busen hat prall zu sein, nicht wahr? Er hängt nicht herunter, er steht. – Aber das ist doch weltfremd. Busen sind prall im Alter der Gebärfähigkeit: Sie sind aktive und passive Milchbehälter, weiter nichts. Doch wir alten Frauen wollen ja keine Nahrungsmittel mehr absondern, über das Gebär- und Melkalter sind wir hinaus. Ein praller Busen wäre also in unserem Alter wider die Natur. Und deshalb wäre er auch häßlich. Uns jedenfalls ist es so lieber.

Und dann die Glatzen, ach ja.
Ein Glatzkopf, sagt Ihr verächtlich.
Er bekommt eine Glatze, ha, ha!
Er wird schon ganz kahl, ho, ho!
Sagt einmal, Ihr kleinen Spießer: Gibt es einen vernünftigen Grund, weshalb alle Leute zur gleichen Zeit an den gleichen Stellen behaart sein sollen?
Wie entrüstet wart Ihr damals, als man sich über Eure langen Mähnen mokierte. Richtig verfolgt habt Ihr Euch gefühlt. Und jetzt, wo wir aus der Reihe tanzen, diese spießige Intoleranz.
Du liebe Zeit, seht doch einmal hin: Was ist denn so schlimm an einer Glatze? Man sieht ein Stück Haut, das früher bedeckt war. Na und? Im Gesicht ist doch auch Haut zu sehen? Warum findet Ihr sie da nicht komisch? Warum lacht ihr nicht, wenn jemand seinen Handschuh abstreift?

Ein eigenartiger Humor, das muß man Euch lassen.

Gut, gut, zugegeben: Viele von uns sind von unserm eigenen Schönheitsideal tatsächlich weit entfernt. Und das nicht nur wegen Eurer berühmten Kosmetik. Da gibt es einmal die Kranken. Aber die sind eben krank, und Krankheit ist nie attraktiv, auch nicht bei Euch. Daß es bei uns mehr Kranke gibt, ist klar. Wie gesagt: Wir sind die sterbende Generation, und an etwas muß man sterben. Und vielleicht sind manche sogar gern krank. Was sollte sie reizen, für Eure Welt gesund zu werden?

Und dann betreibt Ihr ja auch die psychische Verkrüppelung mit uns, die Verunstaltung des Geistes. Denn viele Alte haben ja tatsächlich nicht die interessanten Gesichter, von denen wir für uns träumen. Wenn wir ehrlich sind, müssen wir einräumen, daß sie eher dümmlich wirken, auch auf uns. Und wenn sie dann noch ihre famosen Geschichten zum besten geben, würde man am liebsten vor ihrem verkalkten Geplapper die Flucht ergreifen. Auch wir, jawohl. Auch wir.

Aber das kommt doch nur, weil man in dieser von Euch so grandios gemanagten Welt kaum eine andere Wahl hat, als im Alter zu verdummen. Das sind Gesichter, die Ihr geprägt habt – nicht die Natur, nicht das Alter. Ein dummes altes Gesicht ist immer unnatürlich. Und dann gibt es die, die mit ihren schönen alten Augen nicht gütig auf Euch blicken, sondern ausgesprochen böse oder ausgesprochen servil. Das sind die, die Euch hassen. Die, die Euch fürchten. Mit diesen Blikken wollen sie erreichen, daß Ihr sie in Ruhe laßt.

Oder sie möchten Euer Wohlwollen erkaufen. Auch gibt es viele Alte, die sich nicht majestätisch, sondern eher unbeholfen bewegen. Läppisch sogar. Sie möchten auf diese Weise Euer Mitleid erregen, sie suchen Euren Schutz. Doch Schutz wovor? Doch nur vor einer Welt, die Ihr gestaltet. Und seit wann seid Ihr der Maßstab? In ihrer eigenen Welt – in einer Welt für Euch *und* für uns – wären sie alles andere als ausgeliefert. Dort wären sie alles andere als unbeholfen.

Laßt uns also Zeit.
Denn noch leben wir in einem Milieu, das alles daransetzt, uns Alte dumm, häßlich, langweilig und hilflos zu machen. Wenn es uns gelingt, das zu ändern, werden wir auch unsere eigene Schönheit finden. Unsere grauen Haare wie Kronen tragend, unsere Falten wie Auszeichnungen zur Schau stellend, werden wir in unserer eigenen Mode – einer Mode extravagantester Zurückhaltung, die *unserem* Teint, *unserer* Haarfarbe und *unserer* Haltung schmeichelt – durch eine Welt schreiten, die auch wieder uns gehört. Eine Welt, in der ein altes Gesicht wieder Bewunderung erregt. Weil der Gipfel der Schönheit auf dem Gipfel des Lebens erreicht wird, und nicht irgendwann zwischendurch.

VI

Mit unserer Macht als Besitzer unbegrenzter Freizeit werden wir, wie gesagt, unsere Umwelt vermenschlichen. Zu diesem Zweck werden wir alle Möglichkeiten moderner Öffentlichkeitsarbeit ausschöpfen: Bürgerinitiativen, Lobbyismus, Protestaktionen wie etwa Kundgebungen, Unterschriftensammlungen, Sitzstreiks usw.

Auf diese Weise werden wir dann nach und nach die kleinen, mittleren und großen Städte für uns Alte wieder bewohnbar machen und unsere Rückkehr aus den abgelegenen Altersheimen ermöglichen. Denn wenn wir Alte uns in den Städten nicht mehr hilflos fühlen müssen, werden Heime weitgehend überflüssig. Wir werden dann auf Wunsch auch im Alter dort bleiben können, wo wir vorher gelebt haben.

Dazu gehört in erster Linie, daß der Verkehr radikal verändert wird und daß die architektonischen Maßstäbe humaner werden. Wenn wir uns wieder auf die Straße wagen dürfen, wenn anstelle der heutigen Neubauten verbindungsfördernde Wohnungen entstehen und auf natürliche Weise kontaktfreundliche Einrichtungen die Wohnviertel auflockern, wird Alter nicht mehr Isolation bedeuten. Wir werden dann genau wie früher mit Leuten verschiedener Generationen zusammentreffen. Wir werden dann eine Welt haben, in der wir Alte ganz ohne Eure barmherzigen Werke auf eigene Faust überleben können.

O ja, es ist schon erhebend, einem alten Menschen über eine verkehrsreiche Straße zu helfen. Man sieht, wo man gebraucht wird, nicht wahr? Man ist nicht blind gegen fremdes Elend, obwohl man es doch so eilig hat.

Aber sagt einmal: Haben wir denn das nötig?
Das ist doch Euer Verkehr, der da so lebensgefährlich an uns vorüberbraust.
Am Steuer dieser schnellen Wagen, dieser rasanten Motorräder, da sitzt doch Ihr.
Fahrt langsam, dann brauchen wir Euch nicht.
Laßt Eure Autos zu Hause, dann müßt Ihr uns nicht retten. Dann kommen wir nämlich allein über die Straße.

Wie edel kommt Ihr Euch vor, wenn Ihr ein paar alte Leutchen im Seniorenheim am Stadtrand besucht. Die sind doch so isoliert da draußen, nicht wahr? Die trauen sich doch kaum noch in die Stadt. Ist man nicht ein guter Mensch, wenn man sich da ein wenig kümmert? Schließlich könnte man sich wirklich etwas Lustigeres vorstellen, als bei diesen langweiligen Alten herumzusitzen und geduldig ihre Fragen nach der großen Welt zu beantworten.

Aber müssen wir uns das wirklich gefallen lassen,

sagt? Erwartet Ihr auch noch Dankbarkeit, wenn Ihr uns von einem Leben berichten dürft, aus dem Ihr uns vertrieben habt?
Denn warum kommen wir denn dort nicht mehr zurecht? Warum muß man uns im Alter in ländliche Idyllen verschicken?
Das ist doch Euer Werk, nicht wahr?
Ihr habt doch diese Welt so unsicher für uns gemacht.
Diese Gefahren, die in den Städten auf uns lauern, gehen doch auf Euer Konto.
Macht die Städte wieder bewohnbar, dann leben wir mitten unter Euch.
Dann braucht Ihr nicht in die Seniorenheime hinauszufahren – die gibt es nämlich dann nicht mehr.
Vielleicht Wohngemeinschaften mit andern Alten, weil das billiger und amüsanter ist. Und natürlich Krankenhäuser für die Kranken und Pflegebedürftigen unter uns.
Aber nicht diese Gettos im Grünen, wo fremde Leute gegen ein Gehalt oder die Verheißung ewigen Lebens lieb und freundlich zu uns sind.
Und falls wir uns dann zufällig begegnen sollten, in unserer gemeinsamen Stadt, dann können wir ja sogar stehenbleiben und uns miteinander unterhalten.
Aber auf freiwilliger Basis, nicht aus Mitleid.

Stellt das also ab, ja?
Denn wir Alte können mit Eurer schönen Welt schon längst nichts mehr anfangen. Die schnellen Autos brauchen wir nicht – wofür auch, wir haben ja Zeit.

Die Hochhäuser gefallen uns nicht – warum auch, sie vereinsamen uns doch nur.
Die Verbannung aufs Land bekommt uns nicht. Wir brauchen Menschen, keine grünen Wiesen. Denn wir sind ja keine Rinderherde, sondern alte Leute. Ein paar Blumen auf dem Fensterbrett, ein Baum im Hof, das genügt vollkommen.

Und – falls Ihr das übersehen haben solltet: Auch Eure Kinder möchten in Eurer schönen Welt nicht länger leben. Sie möchten an Orten wohnen, wo nicht die Wünsche der Starken ausschlaggebend sind, sondern die Bedürfnisse der Schwachen. Sie möchten in Städten leben, die nicht für die Autoindustrie geplant werden, sondern für Menschen. Wo man sich nicht in Lebensgefahr begibt, wenn man das Haus verläßt. Und wo man auf der Straße miteinander reden kann, ohne vom Verkehrslärm übertönt zu werden. Sie wollen Wege statt Schnellstraßen, Plätze statt Parkplätze. Bäume statt Ampeln. Und statt Abgasen wollen sie endlich Luft.

Wie Ihr das schaffen sollt? – Das ist Euer Problem. Ihr denkt doch so gern, nicht wahr? Ihr seid doch so dynamisch. So aggressiv. Laßt Euch was einfallen. Mit diesem Problemchen werdet Ihr doch noch fertigwerden?

Und kommt uns bitte nicht mit dem Märchen vom wirtschaftlichen Ruin. Wenn die Welt menschlicher wird, kann das gar nicht der Ruin der Wirtschaft sein: Schließlich sind alle Menschen Konsumenten. Bei Euren Werbemethoden wird man Euch die immer langsameren und leiseren Verkehrsmittel genauso abkaufen wie jetzt die immer schnelleren und lauteren. Wenn Ihr den richtigen Slogan findet, wird man es genauso schick finden, unterirdisch mit vielen andern durch die Stadt zu brausen wie einsam in einer Limousine.

Also: Denkt Euch was aus.
Und gebt Bescheid, wenn Ihr es nicht schafft. –
Uns fällt bestimmt etwas ein.

Und was Eure Aggressionstriebe betrifft, die werdet Ihr eben in Zukunft an andern Orten abreagieren.
Baut Spielplätze für die Motorradfahrer.
Liefert Euch Schlachten auf fernen Landstraßen.
Führt notfalls die Gladiatorenkämpfe wieder ein: Wir stellen Euch dafür gern den Stadtpark zur Verfügung, wenn Ihr uns unsere Straßen wiedergebt.
Aber spielt woanders, ja?

Denn wir Alten spielen jetzt endgültig nicht mehr mit:
Wir brauchen nämlich keine Gefälligkeiten, auf die wir eigentlich gar nicht angewiesen wären.
Wir brauchen keine Hilfe, die wir in Wirklichkeit nicht nötig hätten.

Diese Welt gehört auch uns.
Diese Städte sind auch unsere Städte.
Und wenn wir sie jetzt nach unserm Maß verändern, brauchen wir keine Protektion. Dann kommen wir nämlich allein zurecht.

VII

Mit unserer Macht als Wähler werden wir die wichtigste aller anstehenden Reformen durchsetzen: die Rückeroberung unserer Arbeitsplätze.

Denn wer sagt denn, daß wir Alte fürs Berufsleben nicht mehr taugen? – Zugegeben, die berühmte Dynamik läßt bei uns zu wünschen übrig. Wir überlegen länger, bevor wir handeln. Wir sind starrköpfiger als früher – also weniger flexibel. Wir brauchen mehr Zeit. Das heißt, daß wir womöglich weniger schnell das Richtige machen. Aber eben auch weniger schnell das Falsche. Und das könnte durchaus ein Vorteil sein, wir könnten uns hier im Beruf ohne weiteres ergänzen: Ihr handelt dynamisch, wir bedächtig, Ihr riskiert, wir sichern ab, Ihr denkt an den Vorteil, wir an den Nachteil, Ihr seht den Gewinn, wir den Preis. Denn eines haben wir Alten Euch ganz bestimmt voraus: Erfahrung. Wir sagen das in aller Bescheidenheit, denn es ist ja beileibe kein persönliches Verdienst – das machen einfach die Jahre aus, die wir länger leben durften. Doch es ist eine Tatsache, daß dort, wo es sich um Wiederholungen handelt, bei uns Alten die Leistungs- und Urteilsfähigkeit gesteigert ist. Was glaubt Ihr, weshalb man in weniger pervertierten Gesellschaften vor wichtigen Entscheidungen noch immer den Rat der Alten sucht? Und auch hier ist es doch eigentlich nicht anders: In wichtigen Staatsämtern seht sogar Ihr am liebsten einen von uns. Denn auch in Demokratien sind ja die Regierungschefs entweder um die Sechzig oder älter. Viel älter zuweilen. Und das heißt doch, daß auch Ihr im Grunde Eures Herzens oder Gewissens uns Alten mehr zutraut als Euresgleichen. Andernfalls würdet Ihr ja Leute aus Euren Reihen an die Macht bringen: Noch seid Ihr als Wähler immerhin in der Mehrheit.

Aber seid doch nicht so egoistisch, mahnt Ihr jetzt, *Ihr müßt doch an die Jugend denken. Die braucht nun einmal Eure Jobs. Ohne Arbeit wird die uns alkoholsüchtig, drogensüchtig, kriminell. Die wird uns radikal!*

Wieso denn? Wieso denn wir? Die Jugend bekommt ja gar nicht unsere Arbeitsplätze. Die bekommt Eure, wenn wir abtreten. Unsere bekommt Ihr. Ihr macht Karriere, wenn wir gehen. Wäre es da nicht dezenter, wenn Ihr an die Jugend denkt? Warum stellt in Zeiten der Arbeitsverknappung nicht einmal Ihr Eure Plätze zur Verfügung? Weshalb soll auch diese Rechnung wieder von uns beglichen werden?

Außerdem ist das ja gar nicht so ungefährlich, wie Ihr meint. Bedenkt einmal: Es gibt immer mehr Alte auf der Welt. Denn bei Euch werden immer weniger Kinder geboren, und bei uns – zumindest bei uns Frauen – lebt man immer länger. Wenn man die aus Gründen der Arbeitsplatzbeschaffung immer weiter vorverlegten Pensionierungsgrenzen auch in Zukunft mit Altersgrenzen gleichsetzt, wird es in zwanzig, dreißig Jahren beinah so viele von uns geben wie von Euch. Sagt: Ist es da nicht unvorsichtig, uns Alte so kaltblütig ins Abseits zu locken? Was ist nun, wenn *wir* radikal werden? Das traut Ihr uns nicht zu, nicht wahr? Doch die revolutionäre Situation ist ja längst gegeben. Und wenn wir uns jetzt in immer größeren Scharen – und dank des medizinischen Fortschritts auch bei immer besserer Kondition – auf der Straße herumtreiben müssen, riskiert Ihr da vielleicht nichts? Stellt Euch vor: Weißhaarige Revoluzzer, die Eure Fabriken besetzen und Eure Autos in Brand stecken. Greise Hippies, auf der Jagd nach der nächsten Prise Pot? Noch bringt Euch dieser Gedanke zum Lachen. Aber ist es nicht konsequent?

Wir sind uns also einig, daß jeder Arbeit braucht: Männer und Frauen, Junge und Alte, Ihr und wir. Denn was Ihr da so fleißig proklamiert, ist ausnahmsweise richtig: Jeder Mensch hat ein Recht auf einen Arbeitsplatz. Also auch wir, nicht wahr?

Oder sind wir für Euch vielleicht keine Menschen? Haben wir in Euren Augen den Stellenwert von Dienstleistungsobjekten: Leute, die man kaputtmacht, damit man jemand zum Pflegen hat? Die man verdummt, damit sie jemand nötig haben, der sie informiert? Die man abstumpft, damit sie sich nicht selber unterhalten können? Die man ausstößt, damit sie einen brauchen, der sie wieder unter Menschen führt? – Seht Ihr *uns* als Eure künftigen Arbeitsplätze, sagt? Sollen wir Alte durch künstlich erzeugte Hilflosigkeit

Euren ramponierten Arbeitsmarkt sanieren? Ist das der tiefere Sinn für all die Institute für Seniorenbetreuung, Seniorenbelehrung, Seniorenunterhaltung, mit denen Ihr uns neuerdings überschwemmt? Ist das die Erklärung für das Heer von Pädagogen, Psychologen, Gerontologen, Soziologen, Therapeuten, Sozialarbeitern, das Ihr uns auf den Hals hetzt? Ist Eure immer straffer organisierte Altenfürsorge vielleicht der faulste von allen Euren Tricks?

Aber seid doch vernünftig, ihr lieben Alterchen, sagt Ihr jetzt. *Seht einmal: Wenn Ihr nun auch noch Arbeit fordert, woher sollen wir die vielen Arbeitsplätze nehmen? So was kostet doch Geld. Und selbst wenn wir das finanzieren könnten: Wer soll uns das Produkt abkaufen? Das Produkt, müßt Ihr wissen, das ist die Ware: Was am Arbeitsplatz hergestellt wird, nennt man heutzutage Produkt. So einfach, wie Ihr Euch das vorstellt, ist es im Wirtschaftsleben nun mal nicht.*

Du lieber Himmel, seid Ihr denn blöd? Natürlich müßt Ihr die täglichen Arbeitszeiten reduzieren, wenn die Arbeit auch für uns reichen soll. Keine Angst, wir verlangen keine Wunder: Ganz allmählich sollt Ihr das machen. Nicht auf einmal. Nicht sofort. Denn wir werden ja auch nicht alle auf einmal Arbeit fordern. Und nicht jeder von uns wird Arbeit fordern. Wer will, kann sich mit sechzig absetzen. Ihr habt es selbst gesagt: Dafür haben wir all die Jahre hart gearbeitet, das haben wir verdient. Wir werden Euch auch keine verkalkten Arbeitskräfte aufzwingen. Wer auf seinem Posten eine Gefahr für die Rentabilität seiner Firma darstellt, bekommt einen Arbeitsplatz angeboten, für den es noch reicht. Und erst wenn wirklich nichts mehr zu machen ist, darf er zur ewigen Freiheit verurteilt werden. Doch nur mit unserer Zustimmung, verstanden?

Schön und gut, sagt Ihr jetzt, *aber überseht Ihr da nicht eine Kleinigkeit? Je mehr wir die Arbeitszeit verkürzen, desto attraktiver wird doch das Arbeiten – desto mehr Arbeitskräfte kommen also auf die Wirtschaft zu. Das ist ein ökonomisches Gesetz, müßt Ihr wissen, diese Mechanismen kennt man eben heutzutage. – Mit Euch alten Leuten werden also auch die jetzigen Hausfrauen ihre Arbeitsplätze fordern: Bei kürzeren Arbeitszeiten müßten die Kinder nicht mehr vernachlässigt werden, und diejenigen Frauen, die sich in ihren vollautomatisierten Haushalten von Tag zu Tag mehr gelangweilt fühlen, hätten dann sowohl Abwechslung, ein eigenes Einkommen und ein vom Mann unabhängiges Sozialprestige.*

Na also. Bravo. Gut beobachtet. Denn das ist ja der springende Punkt: Wenn die vorhandene Arbeit über die gesamte erwachsene Bevölkerung demokratisch verteilt ist, d. h. wenn dann endlich Ihr und wir und alle heute nicht berufstätigen Frauen Arbeit haben, werden sich die neuen Arbeitszeiten so bei fünf Stunden pro Tag einpendeln. Und genau das ist die Voraussetzung, die wir Alten brauchen. Acht Stunden wollen und können wir nicht arbeiten. Denn erstens sind wir keine Masochisten, und zweitens sind wir ja tatsächlich nicht mehr so leistungsfähig wie Ihr. Wie gesagt: Wir sind alt.

Aber da gibt es doch einfache Lösungen, wenn Ihr noch ein bißchen mithalten wollt. Wir werden Altenplanstellen einrichten: Teilzeitarbeitsplätze, speziell für Euch. So könnt Ihr dann ohne den großen Pensionierungsschock ganz allmählich in den Ruhestand hinüberwechseln.

Nichts da. Abgelehnt. Das könnte Euch so passen. Laßt den berühmten Pensionierungsschock ruhig unsere Sorge sein. Denn nach unserm Willen wird sich das in Zukunft folgendermaßen abspielen: Wer gehen mag, der geht, und da er freiwillig geht – weil er etwas Besseres vorhat als Arbeit –, kriegt er auch keinen Schock. Und wer bleiben mag, der bleibt, und kriegt daher sowieso keinen.
Das ist nämlich so: Nur wenn wir Alten auf Wunsch vollwertige Arbeitskräfte bleiben können, werden wir für Euch auch vollwertige Personen bleiben. Und die Voraussetzung dafür ist eine Arbeitszeit, die für alle Berufstätigen gleich lang dauert und die wir Alten trotzdem einwandfrei verkraften.

Daher werden wir auch keine der andern Patentlösungen akzeptieren, mit denen Ihr neuerdings die Arbeitslosigkeit bekämpfen wollt: Vier-Tage-Woche, Zwei-Monats-Urlaub, Sabbatjahr und wie sie alle heißen. Für uns alte Leute wäre das nämlich nichts. Wir brauchen Arbeit in kleinen Portionen. Und auch für die Kinder berufstätiger Eltern wäre es nichts: Die müßten ja außerhalb des langen Wochenendes oder Urlaubs oder des arbeitsfreien Jahres den ganzen Tag allein bleiben.

In Zukunft werden also die Schwächsten den Arbeitsrhythmus der Stärksten bestimmen, nicht umgekehrt. Die Leistungsfähigkeit der Alten und die Bedürfnisse der Kinder werden ausschlaggebend sein für die Festsetzung der Arbeitszeit. Teilzeitarbeitsplätze taugen lediglich für den Übergang, bis es soweit ist. Denn in der Regel werden in einer Firma nur Tätigkeiten mit wenig Verantwortung und Aufstiegsmöglichkeiten den Teilzeitkräften überlassen. Es käme also innerhalb der Unternehmen zu Gettos für stundenweise arbeitende Mütter und Alte. Wenn die jungen Mütter sich das gefallen lassen, ist uns das egal. Wir Alte werden diese Lösung für uns nicht akzeptieren.
Wir fordern volle Verantwortung – denn wir sind ja fähig, sie zu tragen.
Wir fordern normale Aufstiegschancen – denn wir sind durchaus noch imstande, uns zu steigern, auch nach dem sechzigsten Geburtstag.

Das ist ja gut gemeint, lächelt Ihr jetzt, *aber die Wirtschaft. Die Wirtschaft verkraftet so was einfach nicht. Seht doch: Bei einem halben Tag Arbeit, da würden doch auch die Produktionskapazitäten einen halben Tag lang brach liegen. Das sind zum Beispiel die Fabriken: Stellt Euch vor, all die teuren Maschinen, all die teuren Gebäude, nicht länger als vier, fünf Stunden ausgenützt: Wie das die Ware verteuern würde. Die Exporte würden zurückgehen, der Inlandsmarkt wäre von preiswerten Einführprodukten überschwemmt, es gäbe also noch weniger Arbeitsplätze. Und dann ist es doch letzten Endes eine Frage der Fachkräfte. Was unserer Wirtschaft fehlt, sind die qualifizierten Facharbeiter.*

Wenn wir die Arbeit verteilen, nützt das gar nichts, weil dann eben erst recht die Spezialisten fehlen: Die arbeiten dann ja auch nur noch ein paar Stunden am Tag.

Ach Gott, seid Ihr schwerfällig. Eure heilige Wirtschaft, ach ja. Jetzt hört einmal zu, Ihr verdammten Anfänger: *Wir* haben damals die Arbeitszeiten von zwölf und mehr auf acht Stunden reduziert, den arbeitsfreien Samstag eingeführt, die Urlaube. *Unsere* Wirtschaft ist dabei nicht vor die Hunde gegangen. *Unsere* Wirtschaft hat das geschafft. Und Ihr, mit Euren hochmodernen Wirtschaftsinstituten, Euren Hochschulen, Euren Experten, Eurer Marktforschung, Euren Rechenzentren, Euren Computern könnt nicht einmal dieses kleine Problemchen lösen? Das ist doch lachhaft.

Selbstverständlich sollt Ihr Eure berühmten Produktionskapazitäten nicht brachliegen lassen. Wer zum Teufel hat denn das behauptet? Denkt Euch gefälligst ein System von Schichtarbeit aus, das alle Bedürfnisse befriedigt. Dann könnt Ihr sie sogar noch besser nutzen als jetzt. Und schreit nicht gleich beim Wort Schichtarbeit. Das sind nicht die mörderischen Schichten von heute. Kein Mensch wird eine Nacht lang in eine Fabrik eingesperrt. Bei fünf Stunden bekommt sogar der Nachtarbeiter noch in der gleichen Nacht ein Stückchen Schlaf. Und am Tag kann es sich ja sowieso nur um den Vormittag oder Nachmittag handeln. – Lediglich in Büros braucht Ihr in der Regel eine einzige, gemeinsame Arbeitszeit – »Job-Sharing« wäre hier schwierig. Außerdem müßt Ihr Euch mit an-

deren Verwaltungen zu einer bestimmten Zeit in Verbindung setzen können. Doch Büroarbeitsplätze sind zum Glück billig – es macht also nichts, wenn sie nur fünf statt acht Stunden genutzt werden.
Durch die längere Nutzung der übrigen Produktionsstätten wird das kostenmäßig wieder eingespielt.*

Und was Eure Facharbeiter-Kalkulation betrifft, da kann man doch nur schmunzeln. *Wir* sind doch die besten Fachkräfte, die Ihr Euch wünschen könnt. Wenn jemand vom Fach ist, dann wir. Und ausgerechnet uns entlaßt Ihr, Ihr Erbsenzähler! Jahr für Jahr schickt Ihr ein paar Millionen Eurer besten Spitzenkräfte in den Ruhestand, und dann beschwert Ihr Euch über Nachwuchsmangel.

Aber es ist ja sowieso ein Drama, wie Ihr mit Euren Spezialisten umgeht: Da bildet Ihr für ein Vermögen an Euren Schulen hochqualifizierte Fachkräfte aus, und wenn die dann zufällig weiblichen Geschlechts sind und Kinder kriegen, fallen sie Euch aus. Denn wenn die später je ins Fach zurückkehren, haben sie längst den Anschluß verpaßt und außerdem das meiste vergessen. Eine junge Frau, die lange pausiert hat, ist im allgemeinen in ihrem Fach genauso unfähig geworden wie ein Rentner nach ein paar Jahren Ruhestand.

Denn wir sind ja, wie gesagt, nicht blöd, weil wir alt

---

* Esther Vilar, Die 25-Stunden-Woche, Arbeit und Freizeit in einem Europa der Zukunft. Mit einem Vorwort von Oskar Lafontaine, Düsseldorf, 1990.

sind, sondern weil wir vom Informationsfluß abgeschnitten werden. Bei einer radikal verkürzten Arbeitszeit blieben Euch nicht nur die alten, sondern auch die Hälfte der jungen Spezialisten für die Wirtschaft erhalten. Begreift Ihr das, oder sollen wir's übersetzen?: Ihr vergeudet mit Euren produktionsintensiven Arbeitszeiten mehr als die Hälfte des menschlichen Produktivkapitals. Kommt Ihr mit? *Ja, aber die Löhne,* stöhnt Ihr nun, *die müßte man dann ja auch auf die knappe Arbeitszeit reduzieren. Selbst wenn das möglich wäre – sagen wir mal, wir geben statt Lohnerhöhung alle zwei, drei Jahre eine Stunde mehr Freizeit und schaffen so nach und nach immer mehr Arbeitsplätze für Euch: Wie soll ein Mann bei einem dermaßen gekürzten Einkommen noch seine Familie ernähren?*

Ihr kommt also doch nicht mit, haben wir's doch geahnt. Nun denkt einmal scharf nach, Ihr Gescheiten: Es gibt keine Familien mehr zu ernähren. Denn jeder Erwachsene, männlich oder weiblich, verdient dann ja sein eigenes Geld, zahlt seine eigenen Versicherungsbeiträge, macht seine eigene Karriere. Und Eure Kinder versorgt Ihr eben gemeinsam. Denn Zeit habt Ihr beide. Und Geld habt Ihr ebenfalls beide. Ein halber Tag Arbeit, ein halber Tag Zeit. Auch für uns. Auch für Euch. Oder habt Ihr was gegen Gerechtigkeit?

Zeit, strahlt Ihr jetzt, denn endlich ist Euch das schlagende Gegenargument eingefallen, – *das ist ja der Punkt: Die Leute wissen doch jetzt schon nicht, was sie mit ihrer Freizeit anfangen sollen. Sie verstumpfen vor dem Fernsehapparat! Und dann zusätzlich ein halber Tag. Ihr seid ja verrückt, Ihr Alten.*

Ach, sieh mal an. So ist das also? – Na, da hätten wir Euch ja endlich dort, wo wir Euch haben wollten. Uns schickt Ihr in die ewige Ruhe, und Ihr haltet nicht einmal ein paar Stunden davon aus? Uns verdammt Ihr zu lebenslanger Freiheit, und Ihr könnt nicht einmal einen Bruchteil davon verkraften? – Freiheit, das ist immer was für die andern. Für Euch bitte nicht. Ihr wollt dafür kämpfen, o ja – denn das ist immerhin eine Beschäftigung. Ihr wollt davon reden, weil sich das so gut macht: Der geplagte Manager, dieser verkannte Rebell, der in Wirklichkeit von der großen Freiheit träumt. Von einem Haus auf einer Insel und einem Segelboot. Aber wenn sie dann kommt, seine Freiheit, dann zittern ihm die Knie.

Wir hätten da einen Vorschlag, Ihr Lieben: Wißt Ihr, was Ihr mit Eurer vielen Freizeit machen könnt? – Jawohl, erraten: Ihr könnt endlich in aller Ruhe zu Euch selber finden. Ihr könnt Euch endlich Euren eigenen Interessen widmen, nicht immer denen der ausbeuterischen Firma. Euch der Gesellschaft der Freunde, der Kinder, des lieben Partners erfreuen. Sagt: Ist das nicht großzügig, daß wir so für Euch sorgen wollen? Sind wir Alten nicht wundervoll?

Und wenn Ihr Euch wirklich langweilen solltet, in diesem neuen Leben: Wie wär's mit Juniorenheimen, Juniorenbegegnungsstätten, Juniorenklubs? Doch, doch, das würden wir ohne weiteres für Euch managen, da kennen wir nichts. Außerdem gibt das ja schon wieder ein paar Arbeitsplätze für uns alte Leutchen: Wir würden dort Vorträge für Euch halten. Wir würden Kaffeekränzchen und Gymnastikstunden für Euch organisieren. Wir würden Euch zeigen, wie man Vasen töpfert, kleine Holzfiguren schnitzt, Kleiderbügel bemalt. Wir würden Euch am Heiligen Abend mit Weihnachtsliedern und selbstgebackenen Keksen überraschen, und in der Silvesternacht würden wir für Euch zum Tanz aufspielen. Glaubt uns: In unseren Juniorenheimen würdet Ihr Euch wohlfühlen. Da wäre garantiert immer was los. Und da wärt Ihr auch nie einsam. Bedenkt doch: die vielen, vielen anderen Junioren.

Seht Ihr jetzt, was wir meinen?
Habt Ihr verstanden?
Weshalb mutet Ihr uns etwas zu, das Ihr auf keinen Fall ertragen würdet?
Warum sollen wir ein Leben führen, das Ihr voll Abscheu von Euch weist?
Wir fordern Arbeit.
Diejenigen von uns, die Arbeit wünschen, haben ein Recht darauf, genau wie Ihr.
Und dank unserer Macht als Wähler werden wir dieses Ziel auch erreichen.

VIII

Und finanzieren werden wir das alles zwar allein, doch auf einem Weg, der uns überhaupt nichts kostet. Denn fast jeder von uns hat ja, wie gesagt, nach seinem Tod einen gewissen Besitzstand an seine Nachkommen zu verschenken. Da der Todestag nicht kalkulierbar ist, plant man vorsichtshalber für ein langes Leben. Es bleibt also, wenn man stirbt, fast immer etwas übrig.

Von dieser Hinterlassenschaft soll in Zukunft stets ein kleiner Teil für die Verwirklichung des Altenprogramms abgeführt werden. Jeder, der als Alter stirbt – also nach Vollendung seines fünfzigsten Lebensjahres –, wird so nach seinem Tod mit einem bestimmten Prozentsatz seines Vermögens unsere Reformen automatisch unterstützen. Ein solches Gesetz verstößt kaum gegen die Interessen der eigentlichen Erben, denn erstens wird es sich bei der Abgabe ja wirklich nur um einen sehr geringen Teil der Hinterlassenschaft handeln, und zweitens werden ja auch diese eines Tages von den Reformen profitieren.

Unsere wichtigsten Ziele sind also – zusammenfassend – folgende:

1. Einführung altengerechter Arbeitszeiten
2. Verwirklichung altengerechter Stadtsanierung

3. Einführung einer Altenschutzklausel für die Werbewirtschaft
4. Einführung einer Altenschutzsteuer in die Erbschaftspraxis.

Um diesen Zielen möglichst rasch näherzukommen, werden wir Alten eine eigene politische Partei gründen, deren Hauptaufgabe die Vertretung unserer Interessen in allen gesellschaftspolitischen Bereichen sein wird. Diese *Altenpartei* wird sich, wie andere politische Parteien auch, über Mitgliederbeiträge und Spenden selbst finanzieren.

Angehörige jeder Altersgruppe können der Altenpartei beitreten. Um ihr möglichst viel Unterstützung und Mitglieder zu sichern, werden wir den Beginn des Alters eindeutig definieren und auf ein möglichst frühes Datum festsetzen.
Die konstantesten Alterserscheinungen sind die Veränderung der Haarbeschaffenheit und die Veränderung der Sehkraft. Diese beiden Veränderungen sind im Alter von fünfzig Jahren bei den meisten Menschen eingetreten: Mit fünfzig hat man in der Regel zumindest leicht ergrautes Haar oder eine beginnende Glatze und braucht meist auch eine Lesebrille, d. h. man leidet an Altersweitsichtigkeit. Frauen und nach neuem Sprachgebrauch auch Männer sind mit fünfzig in der Menopause – auf Grund der hormonellen Veränderung verliert das eine Geschlecht seine Gebärfähigkeit, während sich beim andern immer deutlicher das Abnehmen der sexuellen Potenz abzeichnet. Alle anderen Alterserscheinungen – wie etwa Nachlassen

der Muskelkraft – sind entweder schwer meßbar, nicht regelmäßig genug oder durch eine bestimmte Lebensweise zu beeinflussen.

Wir halten daher die Festsetzung des Altersbeginns *auf den fünfzigsten Geburtstag* für angemessen und vernünftig und werden unseren ganzen Einfluß aufbieten, damit Menschen jenseits der Fünfzig offiziell und in der Umgangssprache als *alt* bezeichnet werden. Wir werden auf die bereits an anderer Stelle beschriebene Weise dafür sorgen, daß dies von den Betroffenen nicht als Kränkung, sondern als Auszeichnung empfunden wird. Im früheren China war der fünfzigste Geburtstag ein großes Fest – der Eintritt in die letzte Lebensphase wurde als Glück betrachtet, man war darauf stolz wie auf einen Titel. Bei einigem Engagement müßte es möglich sein, diese Haltung auch auf unsere moderne Kultur zu übertragen. Der Begriff *alt* kann auch bei uns ein Titel werden. Eine Auszeichnung, auf die man sich freut.

Der Sinn der Altenpartei wird weniger im Erlangen direkter politischer Macht liegen, als in ihrer Signalwirkung. Nach ihrer Gründung werden bei entsprechendem Zuspruch und Diskussion in den Medien die großen politischen Parteien aus Furcht vor Verlust an Wählerstimmen ihr eigenes Altenprogramm auf das der neuen Partei abzustimmen suchen. Und auch auf diese indirekte Weise ist schließlich unseren Absichten gedient.

Die Vertretung der Interessen der Alten wurde ja auch

bisher schon von Politikern jeder Couleur mit Eifer wahrgenommen. Bei einem so hohen Prozentsatz alter Wähler kann man sich in einem demokratisch regierten Land eine andere Haltung gar nicht leisten. Daß uns dies trotzdem nicht viel nützte, rührt daher, daß wir unsere Interessen nicht deutlich genug erkannt und formuliert hatten. Die Politiker waren auf Fürsorge programmiert, weil sie glaubten, auf diese Weise am ehesten unsere Stimmen zu gewinnen. Sie meinten, uns vor allem sichere Renten und komfortable Altersheime versprechen zu müssen. So gibt es heute in den fortschrittlichsten westlichen Industrieländern bereits ein Netz von Überversorgung, das vielen von uns Alten jede Eigeninitiative sinnlos erscheinen läßt. Wenn wir für die Zukunft Maßnahmen fordern, die uns die Selbsthilfe ermöglichen und gute Werke weitgehend überflüssig machen, wird es sie auch geben.

Daß diese Macht des Wählers keine Utopie ist, läßt sich überall dort beweisen, wo sich andere Interessengruppen politisch organisieren. Sobald zum Beispiel irgendwo die Umweltschützer aktiv werden, sehen sich die großen Parteien veranlaßt, ihre Programme mit Punkten zum Umweltschutz anzureichern, um so der Möglichkeit eines Wählerschwunds vorzubeugen. Ebenso wird man nach der Gründung einer Altenpartei die Interessen der Alten auf neue Weise berücksichtigen.

Ergänzend zu dieser Partei werden wir eigenständige,

kämpferische Altenorganisationen innerhalb der bereits bestehenden Parteien gründen, um so die jeweiligen Parteiprogramme von innen her in unserem Sinn zu beeinflussen.

IX

Wir sagen Euch also jetzt den Kampf an.
Wir erklären Euch hiermit den Krieg.
Die Zeit der Unterwürfigkeit ist nämlich zu Ende.
Unsere Bescheidenheit hat sich abgenützt.
Denn wir sind alt.
ALT.
Und das bedeutet ab sofort UNGEDULDIG.

Wir werden diesen Kampf so hart wie möglich führen.
Wir werden so egoistisch sein, wie wir können.
Und keiner wird uns aufhalten, am wenigsten Ihr.
Das Ziel wird so lange nicht aus den Augen gelassen, bis es erreicht ist.
Denn wir sind alt.
ALT.
Und das bedeutet ab sofort HARTNÄCKIG.

Doch wenn Ihr jetzt klug seid, stellt Ihr Euch nicht in den Weg – dann kommt Ihr auf unsere Seite. Auch wenn Ihr es kaum glauben könnt: Dieser Kampf ist auch Eurer. Unser Egoismus ist auch Euer Egoismus. Was wir gegen Euch tun, geschieht im Grunde für Euch.

Denn auch Ihr seid eines Tages alt. Und wenn wir uns jetzt wehren, ist das das Beste, was wir für Euch machen können. Die Haltung, die Ihr uns heute verübelt, werdet Ihr eines Tages am meisten an uns schätzen. Was Ihr jetzt als Verlust betrachtet, werdet Ihr als Geschenk sehen. Was wir Euch nun wegnehmen, ist dann Euer wichtigstes Erbe.
Glaubt uns das.
Denn wir sind alt.
ALT.
Und das bedeutet ab sofort WEITBLICKEND.

Denn Ihr habt ja Angst, nicht wahr?
Ihr seht uns an und habt Angst.
Mit zwanzig habt Ihr Euch geschworen, daß Ihr Euch lieber umbringen würdet, statt so wie wir zu werden.
Doch dann seid Ihr dreißig, vierzig, fünfzig und lebt immer noch.
Und Eure Angst ist nur noch größer.

Ihr beginnt nach Auswegen zu suchen.
Vielleicht sollte man im Alter in ein anderes Land gehen, wo einen keiner kennt?
Vielleicht sollte man zu reden aufhören, damit niemand merkt, wie vergreist man ist?
Vielleicht sollte man auf eine einsame Insel ziehen, wo einen keiner verwelken sieht?
Doch Ihr bleibt.
Ihr redet.
Ihr verwelkt.
Genau wie alle andern.

Genau wie wir.

Ihr beginnt Euch mit Ausnahmeerscheinungen zu trösten.
Picasso, Adenauer, Ben Gurion, das waren doch Alte, die man respektieren konnte – vielleicht wird man später so wie die?
Doch dann ist es später, und Ihr werdet ganz anders.
Ihr werdet wie die meisten Leute.
Ihr werdet wie wir.
Und habt jeden Tag mehr Angst vor dem, was auf Euch zukommt.
Deshalb seid für uns, nur dieses eine Mal. Schlagt Euch auf unsere Seite.
Vielleicht müßt Ihr Euch gar nicht fürchten, wenn Ihr auf unserer Seite steht?
Denn wovor fürchtet Ihr Euch denn – was sind denn Eure Ängste?

Ihr habt Angst vor der Einsamkeit.

Doch wenn es nach uns geht, bedeutet Alter nicht mehr Einsamkeit. Ihr könnt wohnen bleiben, wo Ihr seid, habt also Freunde und Bekannte. Ihr könnt weiterarbeiten, wo Ihr jetzt arbeitet, habt also Kollegen. Der halbe Tag Freizeit, den Ihr von Anfang an genießt, wird Euch im Lauf des Lebens zu jeder Menge außerberuflicher Interessen verführen, und diese werden Euch im Alter zu interessanteren Gesprächspartnern machen, als wir es heute sind. Eure Kinder werden lieber zu Euch kommen, als Ihr heute zu uns, weil sie Euren Rat und Eure Erfahrung schätzen und weil sie keine Schuldgefühle haben müssen: Ihr habt Euch nicht für sie aufgeopfert, sie müssen Euch nichts zurückzahlen. Und falls sie wegbleiben, kann Euch das gleichgültiger sein, als uns das heute ist: Ihr kennt noch andere Leute.

Ihr habt Angst vor Krankheit.

Doch wenn es nach uns geht, werdet Ihr im Alter weniger krank sein, als wir es heute sind. Wer sich gebraucht und nützlich fühlt, ist weniger anfällig für die psychosomatischen Krankheiten, die einen hohen Prozentsatz der Alterskrankheiten ausmachen. Er muß auch nicht die Aufmerksamkeit seiner Umwelt durch ein chronisches Leiden auf sich ziehen: Auch als Gesunder wird er beachtet. Er lebt, nach der Sanierung der Städte, in einer weniger verseuchten Umwelt. Er muß sich in jüngeren Jahren nicht mehr total verausgaben: Da er zeit seines Lebens mäßig und regelmäßig gearbeitet hat, ist er weniger anfällig für Krankheiten, die durch Streß verursacht werden und die zumindest bei den Männern heute an erster Stelle der Todesursachen stehen.

Ihr habt Angst vor Prestigeverlust.

Doch wenn es nach uns geht, wird Euch im Alter nicht mehr automatisch Euer gesellschaftliches Ansehen genommen. Heute werdet Ihr im Berufsleben schon ab fünfzig kaum noch befördert, weil Eure Pensionierung näher rückt und es sich nicht lohnt, Euch noch in neue Aufgaben einzuweihen. Wenn Ihr in diesem Alter Euren Arbeitsplatz verliert, findet Ihr schwer einen neuen. – Ihr *müßt* Euch auf den Ruhestand freuen: Der grausame Konkurrenzkampf gegen den Nachwuchs übersteigt mehr und mehr Eure Kräfte, die Gefahr einer beruflichen Degradierung wird von Jahr zu Jahr größer.

Bei kürzeren Arbeitszeiten und Wegfall der magischen Pensionierungsgrenze ist diese Gefahr jedenfalls geringer. Man wird Euch nach Eurer Leistung beurteilen, nicht nach Eurem Jahrgang. Und da bei kürzerer Arbeitszeit ein Fünfzigjähriger seinen Arbeitgeber in der Regel genauso zufriedenstellen kann wie ein Junger, müßt Ihr den Vergleich nicht fürchten. Dort, wo es um Muskelkraft geht – wo also die Alten den Jungen tatsächlich unterlegen sind –, seid Ihr ja in diesem Alter ohnehin in den Aufseher-Stellungen, wo man nicht mehr so hart zupakken muß.

Natürlich wird man weniger schnell zur Spitze vorstoßen als heute. Es gibt dann zwar wegen der Verkleinerung der Ressorts – die wiederum durch die Verkürzung der Arbeitszeit bedingt ist – mehr Spitzenstellungen, doch die sind dann immer häufiger von unsresgleichen besetzt. Doch da Ihr keine Familien zu ernähren habt und nur für Euch selber sorgt, fällt Euch das Warten leichter. Und irgendwann kommt dann ja auch Ihr an die Reihe und könnt, genau wie wir, so lange bleiben, wie Ihr die Arbeit zufriedenstellend erledigt.

Denn natürlich könnte man es sich nicht leisten, die Berufswelt zu einem Reservat für Senilität zu machen. Die wirtschaftliche Wettbewerbsfähigkeit, von der ja das Glück aller abhängt, hätte vor dem Glück des einzelnen auf jeden Fall Vorrang. Bei Posten mit hoher Verantwortung bieten sich daher befristete Arbeitsverhältnisse an: Ein System von »Job-Rotation« wird dafür sorgen, daß hier auch Junge an die Reihe kommen. Bei den übrigen Arbeitsplätzen müßte sich ein Alter, der seiner Aufgabe nicht mehr gewachsen ist, genau wie sein junger Kollege auf einen für ihn geeigneteren Posten versetzen lassen – oder sich ins Privatleben zurückziehen.

Die Möglichkeit, sich von einem bestimmten Lebensjahr an jederzeit freiwillig in den Ruhestand begeben zu können, wäre das Privileg des Alters. Falls er es wünschte, könnte ein Alter jedoch bis an sein Lebensende berufstätig bleiben. Und falls er nach einer längeren Ruhepause in den Beruf zurückkehren wollte, müßte er sich unter den gleichen Bedingungen wie ein Junger auf dem Arbeitsmarkt um einen neuen Arbeitsplatz bewerben.

Ihr habt Angst vor Armut.

Doch wenn es nach uns geht, müßt Ihr Euch davor nicht mehr fürchten. Wenn Ihr im Alter berufstätig bleiben könnt, seid Ihr auch in jenen Ländern, wo Altersrenten noch immer erbärmlich niedrig sind, vor einem Alter in Armut abgesichert. Und in den anderen seid Ihr unabhängig vom Wohlwollen der Jungen: In den öffentlichen Gremien, die über die Höhe der Renten entscheiden, sind dann auch Alte vertreten.

Die Altersrenten dürfen jedoch auch dann niemals so hoch sein wie das Gehalt, das ein Alter durch Fortsetzung seiner Berufstätigkeit erzielen könnte. Wenn es für die Höhe seiner Bezüge gleichgültig ist, ob er arbeitet oder nicht, fehlt das Prinzip der Belohnung. Er verliert den Leistungswillen und fällt gegenüber seinen jüngeren Kollegen zurück. So entsteht dann der falsche Eindruck, daß Alte schlechtere Arbeitskräfte sind, und dies wiederum schadet den übrigen Alten.

Ihr habt Angst vor der Leere.

Doch wenn es nach uns geht, müßt Ihr Euch davor nicht fürchten. Die heutigen Sozialprobleme der alten Menschen entstehen aus dem Teufelskreis der Ganztagsarbeit. Diese Arbeitszeit ist zu lang, als daß man neben seinem Beruf noch Interessen entfalten und menschliche Kontakte pflegen könnte, die einem später über den »Pensionierungsschock« hinweghelfen. Wenn man endlich Zeit für sich hat, fällt man meist in eine absolute Leere, denn es ist nichts da, wofür man seine Zeit gebrauchen könnte, und niemand, der darauf wartet, sie mit einem zu verbringen. Nach der Reform hätten Menschen einerseits Gelegenheit, während ihrer aktiven Jahre außerberufliche Interessen und Kontakte zu pflegen, und andrerseits wären sie auch nach sechzig noch in der Lage, normal ihrer Arbeit nachzugehen. Sie könnten sich also aussuchen, welche Art Leben sie im Alter führen möchten, sowohl die eine als auch die andere wäre nicht trostlos.

Ihr habt Angst vor dem Vergreisen.

Doch wenn es nach uns geht, müßt Ihr Euch davor weniger fürchten, als wir es heute tun. Denn jeder kann dann nach seinem sechzigsten Geburtstag geistig so rege bleiben, wie es heute einer kleinen Elite vorbehalten ist: Künstler, Schriftsteller, Politiker, Akademiker mit eigener Praxis, Handwerker mit eigenem Betrieb, Bauern mit eigenem Hof bleiben in der Regel sehr lange berufstätig und genießen daher im Alter oft ein höheres Ansehen als vorher. Da sie meist über eine enorme Berufserfahrung verfügen, ist ihr Rat gefragt. Alle anderen Alten werden am Tag ihrer Pensionierung abrupt vom Informationsfluß abgeschnitten und vergessen mit der Zeit alles, was sie wußten und konnten. Nach der Reform ist das anders: Man bleibt auf Wunsch berufstätig und hat dank der vielen Freizeit auch noch andere Interessen entwickelt, die einen auch ohne Berufstätigkeit im Alter geistig rege halten.

Ihr habt Angst vor Langeweile.

Doch wenn es nach uns geht, wird Eure Umgebung weit anregender sein, als sie es heute ist. In einer Welt, in der jeder genug Zeit hat, sein Wissen, seine Phantasie, seine geistige und körperliche Energie voll auszuspielen, ist prinzipiell alles möglich. Es wird dort ganz neue Disziplinen des Geisteslebens geben, nach denen man bisher aus Zeitmangel noch nicht einmal suchen konnte. Es wird dort zu einer solchen Vielfalt von Gedanken, Handlungsweisen, Ideologien, Erfindungen, Ritualen, Absurditäten, Verrücktheiten kommen, daß man sich niemals langweilen kann. Nicht nur man selbst wird amüsanter sein, sondern auch die andern. Die tägliche Umgebung ist dann so abenteuerlich, wie man sie sich nur wünschen kann: Jeder, den man trifft, ist auf irgendeine Weise ein Happening.

Durch die viele Freizeit, die man dann zur Verfügung hat, kann man nämlich seine Intelligenz und sein Wissen erstmals dazu benutzen, sich gedanklich mit Problemen auseinanderzusetzen, die nicht mit Broterwerb zusammenhängen. Bisher hatten Leute mit viel Ausbildung meist keine Zeit, und die mit viel Zeit meist keine Ausbildung. Erstere waren bis zur Erschöpfung verausgabte Männer, letztere Frauen, die alles vergessen durften, oder arbeitsloses Proletariat. Nach der Reform wird es erstmals eine größere Anzahl Menschen geben, die ihre Erziehung zu mehr als zum Geldverdienen verwenden dürfen. Als echtes Novum wird es eine geistig aktive Mehrheit geben, die neben ihrem Beruf noch etwas anderes unternehmen kann.

Eine der vielen Folgen der Reform wird also eine Explosion an Kreativität sein, eine bisher unbekannte Vielfalt an neuen Gedanken und exzentrischen Verhaltensweisen. Kunst und Kultur sind dann erstmals wirklich sozialisiert: Alle, die wollen, können sie produzieren, und alle, die wollen, können sie auch konsumieren. Man muß die Künstler nicht mehr subventionieren, denn jeder kann sich mit ein paar Stunden Erwerbstätigkeit ohne staatliche Almosen am Leben erhalten.

Ihr habt Angst vor Ungerechtigkeit.

Doch wenn es nach uns geht, müßt Ihr Euch davor weniger fürchten als heute. Denn Ihr habt heute in beinahe allen Lebensbereichen eine Zwei-Klassen-Gesellschaft:

Im Berufsleben: Es gibt Menschen mit Arbeit, und andere, die auf Arbeit hoffen.
Bei der Zeitverteilung: Es gibt Menschen ohne Freizeit, und andere, die sich langweilen.
Im Kindesalter: Es gibt Kinder, auf die mittags zu Hause die Mutter wartet, und andere, die bis abends in Krippen, Horten und Ganztagsschulen vegetieren oder sich mit umgehängtem Wohnungsschlüssel auf der Straße herumtreiben müssen.
Im Scheidungsrecht: Es gibt Leute, die sich schei-

den lassen können, und andere, die ihr Leben lang an einen ungeliebten Partner gebunden bleiben, weil eine zweite Ehe außerhalb ihrer materiellen Möglichkeiten liegt.
Im Alter: Es gibt die Angestellten, die man von einem bestimmten Zeitpunkt an für senil erklären und nach Hause schicken darf, und die Selbständigen, die sich bis an ihr Lebensende wertvoll fühlen dürfen.

Alle diese Probleme könnten durch die Reform gelöst werden. Denn *Arbeit für alle* – für Männer und Frauen, Junge und Alte –, und damit kürzere Arbeitszeit für alle, wäre die einzige unserer Epoche gemäße Revolutionsparole. Eine solche Revolution könnte, ohne daß ein Tropfen Blut vergossen würde, die soziale Marktwirtschaft der westlichen Industrieländer erheblich sozialer machen. Sie hätte für deren Bürger Konsequenzen, die ans Wunderbare grenzen: Alte hätten endlich Selbstachtung, Männer hätten endlich Zeit, Frauen hätten ökonomische Unabhängigkeit, Kinder hätten familiäre Geborgenheit, unvermögende Paare könnten sich ohne Wartezeiten aneinander binden, und unglückliche Paare könnten sich, auch wenn sie nicht wohlhabend sind, voneinander scheiden lassen.

Ihr habt Angst vor der Freizeit.

Da vor allem Männer nicht gelernt haben, mit Freizeit umzugehen, macht ihnen dieses Problem oft am meisten Angst. Doch wenn es nach uns geht, müßt Ihr Euch davor weniger fürchten als heute. Zwar wird

Euch schon als Jungen ein halber Tag Freizeit zugemutet, doch dafür werdet Ihr im Alter nicht in eine totale Freizeit gestoßen, mit der Ihr nichts anzufangen wißt.

Außerdem ist es eine Frage der Gerechtigkeit: Wenn es stimmt, daß die meisten Leute nur glücklich sind, wenn sie etwas leisten, ist es dann fair, wenn man Arbeitslosen, Rentnern und Hausfrauen ihr Recht auf Leistung abspricht? Wenn Arbeit für viele ein Vergnügen ist, darf man dann einem Teil der Bevölkerung dieses Vergnügen vorenthalten? Wenn totale Freiheit unerträglich ist, darf man dann einen Teil der Bürger zu dieser Strafe verdammen? Darf man ihnen Geld statt Bezahlung anbieten, Müßiggang statt »Selbstverwirklichung«?

Von welchem Gesichtspunkt man das Problem auch angeht: Nach der Reform gäbe es auf jeden Fall mehr Gerechtigkeit als heute: Wenn Leistung glücklich macht, werden dann die heutigen Arbeitslosen, Rentner und Hausfrauen glücklicher sein. Wenn Freizeit glücklich macht, die heutigen Berufstätigen. Denn es gäbe dann Arbeit und Zeit für alle.

Doch auch wenn das alles nicht zu unserm eigenen Vorteil wäre, müßten wir Euch in Eurem Interesse von vornherein eine Portion täglicher Freizeit aufzwingen. Wenn wir erlauben, daß Ihr so weitermacht, wird es Euch nämlich im Alter noch schlimmer ergehen als jetzt uns. Denn Ihr arbeitet ja unter einem noch härteren Konkurrenzkampf. Es gibt immer mehr Maschinen, die Arbeitskräfte ersetzen, und immer mehr Menschen, die um die restliche Arbeit kämpfen. Wer weiterkommen will, muß an seinen Beruf denken und sonst gar nichts. Wenn Ihr die jetzigen Arbeitszeiten beibehaltet, werdet Ihr im Alter noch weniger als wir mit Eurer freien Zeit zurechtkommen. Und dieser desolate Zustand wird immer früher einsetzen: Damit es für Ganztagsarbeitsplätze für die Jungen reicht, werden sich die Alten noch früher als heute in eine ganztätige, ganzjährige Ruhe begeben müssen.

Es ist also besser, wenn Ihr Euch jetzt schon dazu zwingt, den Umgang mit der Freizeit zu erlernen, und Euch von Jahr zu Jahr ein wenig mehr davon zumutet. Denn wie sonst wollt Ihr mit Euren beiden wichtigsten Problemen – Automation und Übervölkerung – fertig werden? Wollt Ihr die Maschinen zertrümmern, die Euch die wirklich unwürdigen Arbeiten endlich abnehmen könnten? Wollt Ihr von einem Trupp Bauarbeiter in Tagschicht Häuser errichten lassen, die von einem zweiten Trupp in Nachtschicht wieder abgerissen werden? Wollt Ihr die Bevölkerung in Kriegen dezimieren? Wollt Ihr einem Teil Eurer Frauen die Fortpflanzung verbieten?

Glaubt uns, es gibt keine andere Lösung: Ihr müßt die Arbeit demokratisch verteilen. Und Ihr müßt jetzt damit anfangen. Außerdem wird gerade die große Freizeit, über die dann jeder verfügt, neue Arbeitsplätze hervorbringen: Dienstleistungen, Sportindustrie, Bildungs- und Unterhaltungsbedürfnis, das alles wird einen enormen Aufschwung nehmen. Und diese neuen

Arbeitsplätze werden weit interessanter und humaner sein als die, die Ihr heute gegen die Automaten verteidigt.

Ihr habt Angst um Eure Männlichkeit.

Doch wenn es nach uns geht, werdet Ihr im Alter auch sexuell besser überleben als wir. Solange ein Mann Geldverdienen mit Männlichkeit gleichsetzt, ist das Ende seiner Berufstätigkeit oft auch der Anfang einer psychisch bedingten Impotenz. Er fühlt sich als Versager, auf jedem Gebiet.

Wenn in Zukunft beide Geschlechter arbeiten, gibt es zwischen Berufstätigkeit und Sexualität keine Parallelen mehr. Wenn der Pensionierungsschock entfällt, entfällt auch der drastische Einschnitt in das männliche Selbstwertgefühl. Außerdem wird wegen der vielen Freizeit, die dann jeder hat, die sexuelle Aktivität während der entscheidenden Jahre weniger vernachlässigt: Die Produktion der Sexualhormone wird kontinuierlich stimuliert und bleibt dadurch auch länger intakt.

Und selbst eine tatsächliche Impotenz ist dann weniger dramatisch. Seit die US-Wissenschaftler Masters und Johnson herausgefunden haben, daß es den vaginalen Orgasmus nicht gibt – daß also die Lust der Frau wenig mit der Erektion des Mannes zu tun hat –, ist die Größe und Härte des männlichen Glieds ein Begriff aus dem Vokabular des sexuellen Leistungssports. Schließt man die Möglichkeit einer künstlichen Befruchtung einmal aus, so ist die Erektion und der Orgasmus des Mannes für die Reproduktion notwendig, und sonst für gar nichts. Wenn es zutrifft, daß die erotische Ausstrahlung eines Menschen aus einer Summe körperlicher und geistiger Vorzüge entsteht, so sind zumindest letztere – z. B. Unabhängigkeit, Lebenslust, Selbstbewußtsein, Intelligenz, Humor, Originalität – nach der Reform auch den alten Männern zugänglich.

Ihr habt Angst um Eure Weiblichkeit.

Doch wenn es nach uns geht, seid Ihr dann auch auf diesem Gebiet vorteilhafter dran als heute. Wenn Frauen nach der Geburt ihrer Kinder weiterarbeiten und weiterdenken, müssen sie auch nicht mehr so früh den Verlust ihrer sexuellen Attraktivität befürchten. Eine Frau, die geistig beweglich bleibt, ist – genau wie ein Mann – nicht nur auf ihren Körper angewiesen. Wenn Erotik aus physischen und psychischen Vorzügen entsteht, bleiben ihr zumindest die psychischen erhalten. Und wenn sie endlich aufhört, Jugendlichkeit zu simulieren und sich zur Schönheit ihres eigenen Jahrgangs bekennt, wird auch ihre körperliche Anziehungskraft im Alter größer sein als heute.

Außerdem ist dann auch die Konkurrenz durch die jüngeren Frauen geringer. Wenn jeder über eigenes Sozialprestige und eigenes Einkommen verfügt, werden junge Frauen sich seltener als heute mit fremden

Federn und fremden Geldern schmücken wollen. Sie werden sich ihre Partner vorzugsweise nach erotischen Gesichtspunkten aussuchen – denn welche kämen bei der Wahl eines Mannes sonst in Frage? – und meist einen weniger arrivierten Mann ihrer eigenen Generation dem arrivierten Älteren vorziehen. Ausnahmen wird es natürlich immer geben – die größere psychische Attraktivität des Älteren wird, wie gesagt, manch biologischen Vorzug eines Jungen aufwiegen – doch sind diese dann auf beiden Seiten gleich häufig. Die Arrivierte mit dem jungen Liebhaber wird es ebensooft geben wie ihr männliches Pendant.

Zu dieser dauerhafteren Attraktivität der Frau wird auch der allmähliche Abbau des Frauenüberschusses beitragen. Solange auf einen alten Mann vier alte Frauen kommen, wird dieser automatisch zur begehrten Mangelware, während die Frauen, die sich um ihn streiten, das Image von Witzfiguren erhalten. Wenn Männer und Frauen gleich viel arbeiten, wird sich die männliche Lebenserwartung allmählich der weiblichen angleichen. Die alte Frau bekommt dann mit der Zeit den gleichen erotischen Stellenwert wie der alte Mann.

Ihr habt Angst vor der Freiheit.

Ihr habt heute eine nie gekannte Freiheit, könnt tun und lassen, was Ihr wollt, leben, wo und mit wem Ihr mögt, sagen, was Euch in den Sinn kommt, schreiben, was Euch paßt. Ihr kennt keine verbindlichen Verhaltensregeln mehr: Um die Kirchengesetze braucht Ihr Euch nicht mehr zu kümmern, Ehegesetze können jederzeit außer Kraft gesetzt werden, Flexibilität der politischen Meinung wird als Pragmatismus gefeiert, Toleranz gegen Andersdenkende gilt als die maximale Tugend.

Das ist sicher gut so, doch es macht Euch Angst. Denn es gibt jetzt keine Kontinuität, keine Stabilität, kein Gesetz mehr in Eurem Leben. Ihr wißt nicht mehr, was gut und böse ist, und habt niemand, der Euch neue Maßstäbe geben könnte. Ihr fragt Euch, für welche Richtung Ihr Euch entscheiden sollt, und kennt keinen, dessen Rat Ihr trauen möchtet. Kurz, Ihr seid auf jedem Gebiet ins Schwimmen gekommen und findet nirgends einen Halt: An den Gott Eurer Kindheit mögt Ihr nicht mehr glauben, Euer Partner kann Euch jederzeit verlassen wollen, Eure Freunde seht Ihr als verkappte Konkurrenten, Eure Psychiater sind hoffnungslos in Widersprüche verwickelt, Eure neuen Sekten werden immer wieder als getarnte Multis entlarvt, Eure Vorgesetzten erscheinen Euch längst nicht mehr als Respektpersonen, Eure Politiker haben Euch mehr als einmal enttäuscht.

Es klingt vielleicht verrückt, doch wir glauben, daß wir Euch da helfen könnten. Wenn nach all den Veränderungen, auf denen wir von nun an bestehen werden, Alter einstmals wieder Würde, Weisheit und Souveränität bedeutet, könnten wir Euch den Halt geben, den Ihr jetzt überall vergeblich sucht. Wir wären für diese Funktion ja tatsächlich vom Schicksal prädestiniert. Wir sind, wie gesagt, die sterbende Generation – haben also nicht mehr viel zu verlieren. Und unser höchstes Ziel kann logischerweise nur darin bestehen, hier einen guten Eindruck zu hinterlassen.

Wenn wir Euch zuhören, werden wir daher wirklich an Eure Probleme denken und nicht an unsere eigenen. Wenn wir Euch raten, werden wir wirklich Euren Vorteil im Auge haben und nicht unseren Profit. Und da wir über eine Erfahrung verfügen, die Ihr noch nicht haben könnt, wäre unser Rat auch vertrauenswürdiger als der Eurer gleichaltrigen Freunde. Da wir dank unseres Alters einen Abstand haben, der Euch noch fehlt, wäre unsere Meinung auch weitgehend von kurzlebigen Emotionen befreit.

Wir Alten könnten Euch also tatsächlich helfen, die Bürde Eurer Freiheit besser zu ertragen. Wir könnten – in Grenzen – tatsächlich ein wenig den Maßstab, die Instanz, das Gesetz für Euch spielen. Ihr wärt uns dafür nicht einmal zu Dank verpflichtet. Denn der Halt, den wir Euch geben dürften, wäre ja gleichzeitig unser eigener. Unsere große Lebenserfahrung bekäme erst durch Eure Unerfahrenheit einen Sinn. Unser Wissen wäre erst dadurch wertvoll, daß es für Euch von Nutzen ist.

Und später, wenn Ihr selbst alt seid, dann könntet Ihr diese Funktion für Eure Kinder und Kindeskinder übernehmen. So dürfte jeder eine Zeitlang der Nehmende und der Gebende sein, könnte jeder Trost suchen und Trost spenden, hätte jeder hier auf Erden zunächst einmal seinen eigenen Gott und später seinen eigenen Menschen.

X

Und Ihr habt Angst vor dem Tod. Denn Ihr kennt ihn nicht, seid ihm nie begegnet. Ihr besucht uns noch ein paarmal in den Kliniken, in denen wir unseren Abschied vor der Welt verborgen halten, und eines frühen Morgens teilt man Euch dann mit, daß wir gegangen sind.

Nein, er hat bestimmt nicht mehr gelitten.
Sie hat garantiert nach niemand mehr gefragt. Die starken Mittel, Sie wissen ja.
Als die Nachtschwester vorbeikam, war es schon zu Ende.
Ganz friedlich, ja.
Kein Todeskampf.

Diese Methode ist zwar praktisch, doch Ihr bezahlt dafür mit einem Preis, den Ihr Euch eigentlich nicht leisten könnt. Denn unser heimlicher Tod versetzt Euch in eine ebenso heimliche Panik. Unser einsames Sterben stürzt Euch in eine ebenso einsame Angst. Ihr wißt zwar, daß es das Happy-End nicht geben kann, doch da Ihr das Unglück bei den anderen nicht erlebt und auch kaum darüber redet, glaubt Ihr im Grunde, daß Ihr als einzige so unbarmherzig dem Untergang entgegentreibt. Ihr habt gehört, daß alle Menschen sterblich sind, doch da Ihr zeit Eures Lebens keinen sterben seht, habt Ihr das Gefühl, daß letzten Endes nur Ihr zum Fortgehen verurteilt seid, während alle anderen bleiben und weiterfeiern dürfen.

Doch so ist es eben nicht. Und deshalb zeigen wir Euch jetzt das Brutalste, das es hier zu sehen gibt – das Ende eines Menschen. Ihr seid nicht die einzigen, die Abschied nehmen müssen. Und darum führen wir Euch jetzt vor, was Ihr am meisten fürchtet – den Tod.

Denn wenn wir in Zukunft wieder mit und bei Euch leben, werdet Ihr nicht nur das Alter kennenlernen, sondern auch das Sterben. Wenn wir demnächst wieder persönlich von Euch Abschied nehmen, habt Ihr den Abgang wenigstens schon ein paarmal mit einem von uns geprobt. Ihr wißt dann, wie sich letzte Worte anhören. Ihr kennt dann die Wirkung letzter Blicke, letzter Gesten. Ihr habt gesehen, wie es ist, wenn einer endgültig die Augen schließt.

Das ist wenig, und es ist auch schon alles, was wir für Euch machen können, denn sterben müßt Ihr ja auf jeden Fall allein. Doch wenn Ihr uns in unserer Einsamkeit gesehen habt, wird Euch Eure eigene später zumindest etwas weniger tragisch scheinen. Wenn Ihr erlebt habt, wie wir gehen mußten, fühlt Ihr Euch bei Eurem eigenen Abschied vielleicht etwas weniger verstoßen. Und selbst wenn Ihr nicht zu denen gehört, die darauf hoffen dürfen, in einer nächsten Welt wieder Menschen anzutreffen, so seid Ihr doch wenigstens von dieser hier gemeinsam mit andern Menschen fortgegangen.

Es ist also mit dem Sterben wie mit allem übrigen: Was wir hier für uns tun, geschieht im Grunde auch für Euch. Denn natürlich denken wir zunächst an uns, wenn wir Euch in Zukunft wieder unseren Tod zumuten wollen. Wir sind ja alles andere als Helden: Wir sind alt, wir werden sterben, und wir haben Angst. Wir haben Angst, ja. Wir denken an die Flammen, in denen wir demnächst verbrennen werden. An die Urnen, die sich über unserer Asche schließen. An die Bretter, die man über uns vernagelt. An die Erdklumpen, die man über uns anhäuft. An das Ungeziefer, das unsere dann so wehrlosen Körper überfällt. Wir denken an die Enge, an die Stille, an die Dunkelheit. An Bewegungen, die wir vielleicht noch machen wollen und nicht können. An eventuelle Atemzüge, für die dann keine Luft vorhanden ist. An Schreie, die dort keiner hören würde. Und wir werden verrückt vor Angst.

Und deshalb brauchen wir Euch. Denn wenn Ihr bei uns seid, wird die Angst geringer. Wir hätten dann ein Publikum für unsern letzten Auftritt. Wir bekämen eine Rolle. Wir dürften für Euch jemand spielen, der das Schlimmste, Schrecklichste und Schwerste, das es für einen Menschen zu erleben gibt, mit Mut und Gelassenheit auf sich nimmt.

Für sich selbst kann man nicht sterben: Da nachher nichts mehr sein wird, kommt beim Sterben für einen selber nichts heraus. Doch wenn Ihr bei uns seid, sterben wir wenigstens für andere – wir sterben dann für Euch. Denn wenn unser Tod Eure Todesfurcht verringert, bekäme er wenigstens für Euch einen gewissen Sinn. Wir würden Euch daher das Sterben so heiter präsentieren, wie es sich machen ließe. Wir würden Euch das Ende so friedlich zeigen, wie es eben ginge. Und das wäre auch das Letzte, was wir als Eltern für Euch tun könnten. Wir haben Euch seinerzeit ein schweres Leben geschenkt, nun schenken wir Euch zum Abschied einen leichten Tod.

Und trotzdem würden auch wir profitieren. Denn die Rolle, die wir für Euch spielen dürften, würde ja auch unsere Wirklichkeit verändern. Ein Vater, der mit seinem Sohn beim Segeln in ein gefährliches Unwetter gerät, wird ihm zuliebe seine Angst zu verbergen suchen und sich gerade dadurch auch tatsächlich weniger fürchten. Eine Mutter, die im Sterben ihre Kinder segnet, wird durch die Souveränität, die diese Geste ihr abverlangt, ihrem Schicksal gegenüber auch tatsächlich souveräner. Ein Revolutionär, der das Schafott besteigt, wird durch die Gelassenheit, die er seiner Sache wegen zur Schau trägt, im Augenblick der Hinrichtung auch wirklich so etwas wie Gelassenheit empfinden.

So verliert durch die Rolle, die Ihr uns schenkt, der Tod letzten Endes auch für uns ein wenig von seinem Schrecken. So drängt der letzte Auftritt, den Ihr uns durch Eure Anwesenheit ermöglicht, den grausamen Anlaß beinahe in den Hintergrund. Wenn Ihr in unserer letzten Stunde bei uns seid, werden wir nicht einfach gehen – wir gehen dann *von Euch.*

Und eines Tages, wenn Ihr dann selber soweit seid, werden Eure Kinder das gleiche für Euch tun, und Ihr das gleiche für sie. Auf diese Weise wird eine Generation der andern die Kraft geben, dem Unbegreiflichsten zu begegnen, das es für einen Menschen zu erleben gibt, dem eigenen Tod.

Versteht Ihr, was wir meinen?
Habt Ihr uns verstanden?
Ihr, die wir so gern lieben möchten.
Von denen wir so gern geliebt wären.
Ihr Jungen.
Habt Ihr uns verstanden?
Ja?

Vertraut uns also.
Vertraut uns dieses eine Mal.
Wir wissen, was wir sagen.
Denn wir sind alt.
ALT.

Band 66288

Ada P. Kahn
Linda Hughey Holt

Frau bleibt Frau

Dieser fundierte Ratgeber für die Frau in den mittleren Jahren enthält eine praktische Kombination von medizinischen Fakten und Anleitungen zur Selbsthilfe. Dank umfassendem Wissen über die körperlichen, seelischen und geistigen Umstellungen während des Klimakteriums ist die Frau imstande, das Angebot an medizinischer Betreuung differenziert und ökonomisch zu nutzen.
Dieses Buch ist von Frauen geschrieben: ein kluger Wegweiser, der die »schwierigen Jahre« der körperlichen Umstellung leichter macht.

BASTEI LÜBBE

Band 66309

Erika Berger

Power mit 50

Für keine Frau muß das Leben mit den Wechseljahren zu Ende sein. Ganz im Gegenteil! Mit 50 kann man noch einmal in ein neues Glück durchstarten, eine aktive Zeit erleben und ein völlig neues Lebensgefühl bekommen.

Die bekannte Fernsehjournalistin Erika Berger, Spezialistin auf dem Gebiet der Partnerschaftsprobleme, gibt nicht nur Ratschläge, wie Frauen im Klimakterium mit den Veränderungen ihres Körpers, ihrer Psyche und in ihren Beziehungen am besten fertigwerden. Freimütig schildert sie auch ihre eigenen Erfahrungen, erzählt, wie andere Frauen ihre manchmal dramatischen persönlichen Veränderungen gemeistert haben – und gibt Tips, wie das Leben »danach« aktiv und glücklich sein kann.

BASTEI LÜBBE